要树立正确人才观，培育和践行社会主义核心价值观，着力提高人才培养质量，弘扬劳动光荣、技能宝贵、创造伟大的时代风尚，营造人人皆可成才、人人尽展其才的良好环境，努力培养数以亿计的高素质劳动者和技术技能人才。

——习近平总书记就加快职业教育发展作出的指示（2014年6月）

建设知识型、技能型、创新型劳动大军，弘扬劳模精神和工匠精神，营造劳动光荣的社会风尚和精益求精的敬业风气。

——习近平总书记所作党的十九大报告（2017年10月27日）

要在学生中弘扬劳动精神，教育引导学生崇尚劳动、尊重劳动，懂得劳动最光荣、劳动最崇高、劳动最伟大、劳动最美丽的道理，长大后能够辛勤劳动、诚实劳动、创造性劳动。

——习近平总书记在全国教育大会上的讲话（2018年9月10日）

个人和企业要勇于创业创新，全社会要厚植创业创新文化，让人们在创造财富的过程中，更好地实现精神追求和自身价值。

——李克强总理所作2014年政府工作报告（2014年3月5日）

要在全社会弘扬劳动光荣、技能宝贵、创造伟大的时代风尚，形成"崇尚一技之长、不唯学历凭能力"的良好氛围。

——李克强对首届"职业教育活动周"作出的批示（2015年5月）

注重学生工匠精神和精益求精习惯的养成，努力培养数以亿计的高素质技术技能人才，为全面建设社会主义现代化国家提供坚实的支撑。

——2021年李克强总理对职业教育工作作出批示（2021年4月）

编委会名单

主　编：杨箴立

副主编：唐维彦　夏彩玲　徐琳怡　李珍珍　杨　悦

参　编：李建华　陈建龙　吴　昊　禹行初　杜海龙　王　智

河南广播电视台都市频道《技能河南 出彩化院——农村少年的跨国蝶变》

河南广播电视台都市频道《技能河南 出彩化院——老外在化院》

河南广播电视台都市频道《技能河南 出彩化院——考不上北大清华，咱能去北大清华上班》

河南广播电视台都市频道《技能河南 出彩化院——小郭博士入职记》

河南广播电视台都市频道《技能河南 出彩化院——万里奇缘一"镜"牵》

河南广播电视台都市频道《技能河南 出彩化院——最美女工匠》

河南广播电视台都市频道《技能河南 出彩化院——七彩马甲十二时辰》

河南广播电视台都市频道《技能河南 出彩化院——爱学生无死角》

河南广播电视台都市频道《技能河南 出彩化院——上学不花钱，上学能挣钱》

河南广播电视台都市频道《技能河南 出彩化院——大国工匠的摇篮》

河南卫视 人社民生《河南化院贺江涛：第45届世界技能大赛勇夺铜牌》

《技能报国 青春闪耀》

《春华秋实四十年 德技化院再出发》

《河南化工技师学院之歌》MV

《技能报国勇追梦 立德树人筑文明》河南化工技师学院创建全国文明校园纪实

河南化工技师学院庆祝中国共产党成立100周年视频《唱支山歌给党听》

国家级重点技工学校 中华人民共和国劳动和社会保障部制	**石油和化工行业职业教育与培训** **全国示范性实训基地** 中国石油和化学工业协会 中国化工教育协会
国家级高技能人才培训基地 人力资源和社会保障部 财政部 二〇一三年七月	**全国职业教育** **先进单位** 教育部 国家发展和改革委员会 财政部 人力资源和社会保障部 农业部 国务院扶贫办 二〇一四年四月
国家技能人才培育 **突出贡献奖** 中华人民共和国人力资源和社会保障部 二〇一八年	**全国教育系统** **先进集体** 中华人民共和国人力资源和社会保障部 中华人民共和国教育部 二〇一九年九月
全国文明校园 中央精神文明建设指导委员会 2020年11月	**全国五四红旗团委** 共青团中央 二〇二〇年五月

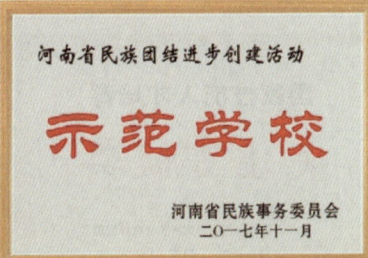

QIANLI ZHIXING SHIYU ZUXIA
HENAN HUAGONG JISHI XUEYUAN XIAOYUAN WENHUA DUBEN

千里之行 始于足下

河南化工技师学院校园文化读本

杨箴立　主编

·郑州·

图书在版编目（CIP）数据

千里之行 始于足下/杨箴立主编. -- 郑州：河南大学出版社，2021.8（2025.8重印）

ISBN 978-7-5649-4748-4

Ⅰ.①千… Ⅱ.①杨… Ⅲ.①高等职业教育—校园文化—建设—研究—中国 Ⅳ.① G718.5

中国版本图书馆 CIP 数据核字 (2021) 第121742号

责任编辑　杨光辉
责任校对　柳　涛
封面设计　郭　灿
出版发行　河南大学出版社
　　　　　地址：郑州市郑东新区商务外环中华大厦2401号　邮编：450046
　　　　　电话：0371-86059713（高等与职业教育出版分社）
　　　　　　　　0371-86059701（营销部）　网址：hupress.henu.edu.cn
排　　版　河南大学出版社设计排版部
印　　刷　河南灏博印刷有限公司
版　　次　2021年8月第1版　　　　　　　印　次　2025年8月第5次印刷
开　　本　710mm×1010mm　1/16　　　　印　张　7
字　　数　85千字　　　　　　　　　　　定　价　30.00元

（本书如有印装质量问题，请与河南大学出版社营销部联系调换）

目 录
CONTENTS

第一部分　立德树人　凝心铸魂——理念文化

1. 河南化工技师学院"创新强校二十四项工程"阐述 …… 2
2. 河南化工技师学院校歌 …… 9
3. 河南化工技师学院校园文化理念 …… 10
4. 河南化工技师学院校徽《奋进》解读 …… 19
5. 河南化工技师学院校训"千里之行　始于足下"解读 …… 21
6. 河南化工技师学院化院精神解读 …… 24
7. 河南化工技师学院化院价值观"劳动创造美好生活"解读 …… 28
8. 河南化工技师学院丰富多彩的校园文化活动 …… 30

第二部分　环境育人　以文化人——景观文化

1. 河南化工技师学院校园文化广场简介 …… 35
2. 河南化工技师学院喷泉、广场等建筑名称及解读 …… 39
3. 河南化工技师学院道路名称及解读 …… 46
4. 河南化工技师学院"三香园"系列景观名称 …… 53
5. 河南化工技师学院"化院十景" …… 57

第三部分　天人合一　道法自然——生态文化

1. 河南化工技师学院十大名花 …… 63
2. 河南化工技师学院十大名树 …… 71

第四部分　学习圣贤　致敬经典——传统文化

1. 弘扬传统文化　涵养美德人生 …… 79
2. 与圣贤为伍　与经典同行 …… 80
3. 《弟子规》诵读版 …… 81

第一部分 立德树人 凝心铸魂——理念文化

河南化工技师学院"创新强校二十四项工程"

序号	工作事项	工程名称	简约解读
1	党建思政	铸魂工程	德技化院人，永远跟党走
2	安全工作	筑盾工程	安全第一，底线思维
3	文明校园	引领工程	文明引擎，发展动能
4	文化建设	彩虹工程	文化七彩，美美与共
5	干部培养	栋梁工程	立柱架梁，助校兴业
6	师资队伍	名师工程	师德高尚，能力高强
7	班主任队伍	领雁工程	春风化雨，化蛹为蝶
8	团队建设	卓越工程	落实落细，追求卓越
9	科学管理	精益工程	抓紧抓小，精益求精
10	双高建设	内涵工程	高工作标准，严工作要求
11	校企合作	多赢工程	工学结合，产教融合
12	招生就业	三百工程	高质量生源，高质量就业
13	社会培训	倍增工程	拓宽渠道，扩大规模
14	技能培养	铸匠工程	铸大国工匠，凝时代匠心
15	积极心理	蝶变工程	积极心理，阳光心态
16	学生培养	特长工程	文体闪亮，素质高强
17	学生学习	抬头工程	抬头听课，昂首做人
18	创新创业	双创工程	敢闯会创，安身立命
19	专业建设	对接工程	专业护航，精准对接
20	宣传工作	美誉工程	塑造形象，成就品牌
21	数字校园	智慧工程	智慧高效，互联互通
22	技能援疆	援疆工程	守望相助，共创幸福
23	关爱职工	暖师工程	幸福老师，和谐校园
24	珍爱师生	健康工程	慧爱生命，健康续航

"使无业者有业，使有业者乐业"

——黄炎培

河南化工技师学院

"创新强校二十四项工程"阐述

【河南化院创新强校二十四工程之一】党建思政"铸魂工程"

德技化院人，永远跟党走。学校以习近平新时代中国特色社会主义思想为行动指南，认真开展"深入学习十九大不忘初心再出发"等各项活动，扎实推进"不忘初心、牢记使命"主题教育，坚持"两学一做"常态化，为学校发展举旗定向，凝心铸魂，以党建发展高质量引领学校发展高质量。

【河南化院创新强校二十四工程之二】安全工作"筑盾工程"

安全第一、底线思维。学校贯彻落实安全工作责任制，签订安全责任书，完善管理制度。实施"人防""物防""技防"三防措施，实行层级值班管理，提升防控能力。通过校园全面禁烟、演习、培训等多种形式、多种渠道提升学生安全意识，打造平安校园。

【河南化院创新强校二十四工程之三】文明校园"引领工程"

文明引擎，发展动能。用好擦亮"全国文明校园"金字招牌，推动学校"颜值""气质"提档升级，助力提升学校知名度、美誉度、增强影响力、吸引力、竞争力，促进文明建设常态创新有序开展，持续优化发展环境，打造亮点特点出彩点，文明建设永远在路上，全面推进学校内涵建设，高质量发展。

【河南化院创新强校二十四工程之四】文化建设"彩虹工程"

七彩文化,美美与共。学校树立红色旗帜,打造赤色"党建文化";传播奋斗精神,打造橙色"奋斗文化";开展阳光学子、阳光财务、阳光人事,打造黄色"阳光文化";建设校园文化景观,打造绿色"环境文化";弘扬传统经典、专业内涵,打造青色"德技文化";提升校园及周边治理水平,打造蓝色"安全文化";开展心理辅导活动,打造紫色"心理文化"。

【河南化院创新强校二十四工程之五】干部培养"栋梁工程"

立柱架梁,助校兴业。加强干部队伍建设,全方位提升"八大本领""七大能力",通过经风雨、见世面,壮筋骨、长才干,锤炼出谋大事、议难事、办实事的能力,培养出一批政治过硬、本领高强、靠得住、有本事、想干事、能干事、干成事、不出事的干部队伍,扛稳学校事业兴旺发达、蒸蒸日上的大旗,助力学校永续发展。

【河南化院创新强校二十四工程之六】师资队伍"名师工程"

师德高尚、能力高强。学校通过青蓝工程、校本研修等10大途径加强队伍建设,学校有国务院、省、市"政府特殊津贴专家""全国石化教学名师""中原名师""河南职教专家",全国、省、市技术能手、正教授、博士研究生等一大批名师。建成一支师德高尚、能力高强、素质优良、结构合理、数量充足的师资队伍。

【河南化院创新强校二十四工程之七】班主任队伍"领雁工程"

春风化雨，化蛹为蝶。群雁高飞头雁领，学校通过组织学习、专家引领、培训探讨、实践磨练、总结反思、交流比武、平台练兵、见习班主任、建立档案等多种措施推进"领雁工程"实施，提高班主任工作能力、工作技巧，培养了一支高素质、专业化的班主任队伍，促进学校教育改革创新，强化学生综合职业能力培养，提升就业竞争力。

【河南化院创新强校二十四工程之八】团队建设"卓越工程"

落实落细、追求卓越。独行快、众行远。学校通过读书、讨论、专家培训、拓展训练、主题征文等方式多措并举，使师生形成共同的世界观、人生观、价值观，确立共同的教育教学理念和共同的目标愿景。通过学习传统文化，弘扬正能量，发扬艰苦奋斗精神，踏实肯干态度、积极阳光心态、尊重包容胸怀、团结协作作风，精益求精品质、打造出和谐向上的卓越团队，推动学校发展攀登卓越。

【河南化院创新强校二十四工程之九】科学管理"精益工程"

抓紧抓小、精益求精。学校不断提升管理服务水平，深入推进精细化管理，以 ISO9000 质量管理体系为核心，建立完善以教学管理、学生管理、财务管理、安全管理、工作程序和工作标准等管理制度为基础的全面质量监控体系，抓好数字化校园建设，通过 OA 自动化办公系统，规范工作流程，推进学校各项工作科学高效的运行。

【河南化院创新强校二十四工程之十】双高建设"内涵工程"

高工作标准，严工作要求。学校通过高水平职业学校和专业建设，深化

内涵发展、高质量发展，实现职业教育现代化，扩展学校发展格局，做好长线谋划，构建完善的产教融合发展机制，提升学校服务能力。助力国家战略、融入区域发展，服务经济结构调整、发展方式转变、促进产业升级，为建设技能强国、智造强国做出重要贡献。

【河南化院创新强校二十四工程之十一】校企合作"多赢工程"

工学结合、产教融合。学校广泛汇聚社会资源，深化产教融合，促进校企合作办学、合作就业、共同发展，推进国际化办学进程，构建"百花齐放"的合作格局，结出了累累硕果。

【河南化院创新强校二十四工程之十二】招生就业"三百工程"

高质量生源，高质量就业。招生就业是学校工作的重中之重，全院教职工积极性主动地参与到招生工作中，建设了一支思想过硬、敢拼能打、资源丰富、业务熟练的招生队伍，强力推进"三百工程"：培养100名招生能手；建立100个稳定的生源基地；遴选100家优质就业单位。

【河南化院创新强校二十四工程之十三】社会培训"倍增工程"

拓宽渠道、扩大规模。学校抢抓国家推行终身职业技能培训的机遇，将个人需求、企业需求与社会需求有机结合，满足市场需求，扩大培训规模、加强培训师资团队建设，开拓大学生的就业再教育市场、企业在职职工技能提升市场、高技能人才培训市场，年培训规模5000人次以上。

【河南化院创新强校二十四工程之十四】技能培养"铸匠工程"

铸大国工匠，凝时代匠心。学校通过承办全国职业院校技能大赛河南省

选拔赛、世界技能大赛河南省选拔赛、河南省石化系统职工技能竞赛；组织和参加世界技能大赛、全国及河南省各级各类技能大赛；建设技能大师工作室；举办"职业教育活动周和教学成果展"等多种措施，激发学校师生学技能、练本领的热情，师生在世界、全国、全省各级各类技能大赛中屡获大奖，一二等奖获奖率远高于平均水平。

【河南化院创新强校二十四工程之十五】积极心理"蝶变工程"

积极心理，阳光心态。学校实施积极心理健康教育特色项目"蝶变工程"，通过教师、班主任心理辅导活动培训、学生成长训练营、团体心理健康辅导、蝶变大讲堂、心理健康月、校园情景心理剧、心舞手语操、心理咨询辅导等十大系列活动，使学生蝶变精彩，幸福启航。

【河南化院创新强校二十四工程之十六】学生培养"特长工程"

文体闪亮、素质高强。学校坚持"教育工作活动化、教学工作一体化"的教育教学理念，注重学生综合职业素质培养。近百个学生社团和协会为引领，鼓励学生在校期间培养成一个文艺特长、掌握一项体育技能。从而提升生活品味，增强身体素质，成为健康快乐、才艺出众的阳光学子。

【河南化院创新强校二十四工程之十七】学生学习"抬头工程"

抬头听课，昂首做人。创新教育教学方式，营造"让思维活跃，让手机沉默"的课堂氛围。学校通过开展主题教育活动，专业课教师实施一体化教学模式，基础课教师实施行为引导型学法等有效举措，践行"学生中心、能力本位、素质基础、项目载体、工作过程导向、能力目标"的一体化教学理念，全面提高课堂教学效果及学生培养质量。

【河南化院创新强校二十四工程之十八】创新创业"双创工程"

敢闯会创、安身立命。学校结合自身特色,在全国技工院校范围内率先开展创新创业教育。通过专家授课、教师创新创业培训、申报创新创业项目、参加和举办创新创效竞赛等方式,优化教师教学方法,培养师生创新创业思维,增强师生创新意识。

【河南化院创新强校二十四工程之十九】专业建设"对接工程"

专业护航,精准对接。河南化院专业建设立足五个对接:专业设置与产业、职业岗位对接;专业课程内容与职业标准对接;教学过程与生产过程对接;学历证书与职业资格对接;职业教育与终身学习对接。全面提升人才培养的针对性,培养出符合产业标准的人才,更好的服务于河南省和全国经济社会的发展。

【河南化院创新强校二十四工程之二十】宣传工作"美誉工程"

塑造形象,成就品牌。学校和开封日报、汴梁晚报、开封日报客户端、河南广播电视台、职业杂志社、中国化工报等知名媒体建立深度合作,内宣外宣双管齐下,传统与现代媒体交相辉映,学校不断在主流媒体发声,提升知名度、美誉度与影响力。通过舆论,让社会各界关注化院,让适龄学子向往化院,让优秀企业集聚化院,让媒体智慧滋养化院。目前,河南化院已成为开封乃至全省职业教育的一张闪亮名片。

【河南化院创新强校二十四工程之二十一】数字校园"智慧工程"

智慧高效、互联互通。加快推进智慧校园硬件基础建设,提升教师信息化技术能力,建设完成教学办公管理数字系统,确保校园网络安全稳定,推

动智慧校园高效应用。开启无纸化协同审批、远程办公管理、数据资源共享的高效云办公时代，构建互联互通的现代智慧校园。

【河南化院创新强校二十四工程之二十二】技能援疆"援疆工程"

守望相助，共创幸福。作为河南省技能援疆定点单位，学校2005年派出教师到阿克苏地区开启了援疆"情缘"。2011年至今，学校先后培训了13期共计1107名新疆哈密学员，其中有300余名少数民族同胞，谱写了一曲知识援疆、技能援疆、情感援疆的大爱诗篇。

【河南化院创新强校二十四工程之二十三】关爱职工"暖师工程"

幸福老师，和谐校园。善之本在教，教之本在师。学校围绕关爱教师出新招、出实招、出硬招，解决教职工最急最忧最盼问题。采取有力措施为教师办实事、做好事、解难事。通过关爱健康、调理饮食、保障住房、丰富生活、提高待遇等多措并举打造系列暖师工程，提升教职工满意度、获得感、幸福感、荣誉感和学校吸引力。

【河南化院创新强校二十四工程之二十四】珍爱师生"健康工程"

慧爱生命，健康续航。多措并举、启智增慧，调理师生健康饮食，加强师生健康教育，优化师生健康服务，完善师生健康保障，营造化院健康环境，健全各项支撑保障。开展全员健身，运动促进健康；配备营养专员，饮食吃出健康；推进健康项目，服务护航健康，助力师生健康工作五十年，幸福生活一辈子。

第一部分 立德树人 凝心铸魂——理念文化

河南化工技师学院

 校 歌

河南化工技师学院之歌

金聚泰 词
张小平 曲

1=G 4/4
热情奔放地

滔滔黄河,巍巍汴梁。国槐挺立,蝶湖荡漾。美丽的河南河南化院,与改革开放一同成长,一同成长。啦啦啦啦啦啊,德技化院!啦啦啦啦啦啊德技化院!凝时代匠心,铸大国工匠。凝时代匠心,铸大国工匠。幸福人生从这里启航,启航!启航!幸福人生从这里启航!托起中国智造创新辉煌,辉煌!辉煌!托起中国智造创新辉煌!

千里之行,始于足下。踏实肯干,积极阳光。奋进的河南河南化院,是我们圆梦的地方,圆梦的地方。啦啦啦啦啦啊,德技化院!啦啦啦啦啦啊德技化院!创全国一流,书神州华章。创全国一流,书神州华章。

河南化工技师学院

 校园文化理念

校　　　训：千里之行　始于足下

化院价值观：劳动创造美好生活

品　　　牌：德技双优的高技能人才培养培训

化 院 精 神：艰苦奋斗　踏实肯干　积极阳光

　　　　　　尊重包容　团结协作　精益求精

奋 斗 目 标：实力化院　文化化院　文明化院

　　　　　　和谐化院　美丽化院　幸福化院

愿　　　景：全国知名　省内一流

　　　　　　美丽校园　幸福老师　阳光学生

　　　　　　高技能人才的沃土　大国工匠的摇篮

发展途径

打造硬实力　强化软实力

培养综合力　提高竞争力

增强吸引力　扩大影响力

打响知名度　提升美誉度

办学方针

以服务为宗旨　以就业为导向

以化工为特色　以学生为中心

以能力为本位　以质量为核心

以改革创新为动力　以发展为保障

以就业竞争力为目标　以满意度为检验标准

指导思想

以德立校　依法治校

质量强校　和谐兴校

办学理念

高端引领　校企合作　多元办学　内涵发展

产教融合　工学结合　知行合一　德技双优

教育教学理念

做事先做人　　做人德为先

铸大国工匠　　凝时代匠心

教育工作活动化　教学工作一体化

质量方针

关爱学生　服务发展　打造特色　持续改进　德技双优

校　风

团结　进取　责任　奉献

教　风

尚德　精学　严教　爱生

学　风

尊师　守纪　勤学　诚信

行政后勤人员工作作风

积极主动　踏实认真

周到细致　沟通协作

学生管理人员、学生干部工作作风

以身作则　德才兼备　认真负责　积极主动

团结务实　无私奉献　讲究艺术　从严管理

面临的形势

责任重大 —— 肩负着服务民生、经济社会发展、产业结构优化升级、中原经济区建设、城市化的重大责任。

使命光荣 —— 承担着把普通教育失利者变成技能教育弄潮儿，使其稳定、高薪、体面就业，可持续发展的光荣使命。

任务艰巨 —— 面临着社会对技能教育认识不足、重视不够的困难和教育教学工作难度大的艰巨任务。

新生录取"六鼓励"

六鼓励

鼓励招收本科、大专毕业生

鼓励招收高中毕业生

鼓励招收文体特长生

鼓励招收退役军人

鼓励招收建档立卡贫困户子女

鼓励招收预备技师、技师

招生喊话

省属公办　高职院校

全国知名　省内一流

德技化院　蝶变精彩

德技双优　幸福启航

技能出彩　化院圆梦

家有万金不如技能在身

"三讲三不讲"工作氛围

讲主观　不讲客观

讲自己　不讲别人

讲奉献　不讲索取

校园文化氛围

为党育人　为国育才

立德树人　技能报国

理想在胸　重任在肩

报效祖国　振兴中华

创文明校园　做文明人

有错真诚道歉　谢谢常挂嘴边

见面主动问好　微笑成为习惯

力戒浮躁　狠抓落实

与时俱进　再创辉煌

团结进取创名校　求实创新争一流

我为化院做贡献　我同化院共成长

以自己的业绩与辛勤努力决定在群体中的地位

以自己的品德和操行决定同志们的评价

以自己的学识、技能水平和对同学们的爱决定同学们的爱戴

细节决定成败　态度决定命运

知识改变命运　技能创造财富

大众创业　万众创新

每天进步一点点

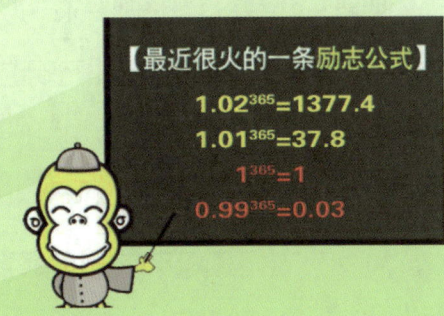

【最近很火的一条励志公式】
$1.02^{365}=1377.4$
$1.01^{365}=37.8$
$1^{365}=1$
$0.99^{365}=0.03$

认真地做好每一件事情　行胜于言

一个笨拙的行动　胜过十个周密的计划　一百个美丽的设想

把简单的事做好就是不简单　把平凡的事做好就是不平凡

严是爱　宽是害　遵章守纪是自爱

写规范字　九州一体　说普通话　四海同音

从基层做起　向着理想目标奋进

积极主动工作　幸福快乐生活

体质不强　何谈栋梁

每天锻炼一小时　健康工作五十年　幸福生活一辈子

我运动　我健康　我快乐

积极开展批评与自我批评做到：

知无不言　言无不尽　言者无罪　闻者足戒　有则改之　无则加勉

人生的乐观态度　积极努力　追求上进

弘扬大庆"三老四严四个一样"的精神：

三老：　　要当老实人　说老实话　办老实事

四严：　　要有严格的要求　严密的组织

　　　　　严肃的态度　严明的纪律

四个一样：要做到黑夜和白天一个样

　　　　　坏天气和好天气一个样

　　　　　领导不在场和领导在场一个样

　　　　　没有人检查和有人检查一个样

每位职工努力做好人生的"＋－×÷"

＋加：团队精神 1+1>2，互相关心、爱护、支持、帮助

－减：随时忘掉帮助了别人、给予了别人，以及别人对自己的不好

×乘：学习与思考、总结

÷除：幸福＝得到的（拥有）÷计较的（欲望）

无烟学校及创卫宣传标语

无烟学校　禁烟光荣

小小一支烟　危害万万千

吸烟可耻　禁烟光荣

请人吸烟是对他最大的伤害

摒弃吸烟恶习　涵养美德人生

一时的快乐　永恒的伤痛——请勿吸烟

自己不吸烟　每天都灿烂　劝人不吸烟　每次行一善

创文明校园　不乱丢乱扔　做文明个人　不乱涂乱画

随手丢弃的是垃圾　弯腰捡起的是美德

主动维护校园卫生　努力锻造个人美德

努力创建正能量的团队

一个字：干

二个字：主动

三个字：让我来

四个字：积极思考

五个字：责任是我的

六个字：有谁需要帮助

七个字：目标一定会实现

八个字：一切的工作为了爱

九个字：我要成为多给予的人

十个字：只有结果才能证明实力

避免成为一个差劲的团队

一个字：推

二个字：被动

三个字：你先上

四个字：我不知道

五个字：这个你问他

六个字：决不帮助他人

七个字：目标只是个目标

八个字：工作只要天天报到

九个字：我要成为最空闲的人

十个字：溜须拍马就能证明实力

河南化工技师学院

 ## 校徽《奋进》解读

校徽以河南字母"H"、化工字母"HG"、飞扬的书卷、扬起的帆船、展翅的飞鸟、化学实验瓶、向上的人物等元素有机艺术融合形成，显著地突出了河南化工技师学院的时代特征与文化内涵。

"H"形成飞扬的书卷，充分体现了学校教书育人的特色。"G"形成向上的人物，体现了学校以人为本、健康向上、积极阳光、朝气蓬勃的发展理念。化学实验瓶，突出学校化工专业特色。

飞扬的书卷又为扬起的帆船，展现出一派千帆竞渡、百舸争流的气象，象征着学子勇于开拓、不断追求卓越的精神，寓意学子为驶入社会这个大海洋时刻准备启航。

翱翔展翅的飞鸟，象征河南化工技师学院开拓创新、拼搏进取的时代风貌，表达了学校的腾飞发展与广阔前景，寓意学子放飞理想的翅膀、探索真知、立志成长、回报社会的含义。

核心图案更像一只负重前行的蜗牛，展现我校责任重大、使命光荣、任务艰巨的办学环境，从学校的现状看，学校肩负着服务民生、经济社会发展、产业结构优化升级、中原经济区建设、城市化的重大责任。承担着把普通教育失利者变成技能教育弄潮儿，使其稳定、高薪、体面就业，可持续发展的光荣使命。面临着社会对技能教育认识不足、重视不够的困难和教育教学工作难度大的艰巨任务。

核心图案又像逆风冲浪的弄潮儿，在职业教育的大潮里勇敢地劈波斩浪，扬帆远航，驶向蓝蓝的海天，如诗中所言："长风破浪会有时，直挂云帆济沧海。"

整个校徽图案风格简洁大气，动感十足，寓意明确，富有时代感和艺术性，易于识别和记忆。

设计师肖瑞友简介：曾获青岛园艺博览会、中国亚欧博览会、海阳亚沙运动会会徽优秀奖，北京社会保障服务体系、河南省省长质量奖标志采用奖。

第一部分 立德树人 凝心铸魂——理念文化

河南化工技师学院

校训"千里之行 始于足下"解读

　　校训是一所学校精神的体现，是一所学校的灵魂，是学校办学传统、育人目标的集中体现，更是一所学校教育理念、治学风格、育人方向、人文追求的高度概括。同时也是校园文化申至关重要的一个内容，展现着学校的精神传统、办学传统和文化传统。校训是一种无形的力量，不仅可以激励、劝勉教师和学子，同时也能树立学校的外在形象。校训的确定，有利于指引办学方向，明确办学目标，升华师生理想，有效凝聚正能量，将传统文化精神的精髓在潜移默化中影响学校的师生而形成内在的风格。正所谓，校训是一校之尺，也是一校之魂。

千里之行　始于足下

解读：

1. 语出老子·《道德经》·第六十四章："合抱之木，生于毫末；九层之台，起于累土；千里之行，始于足下。"白居易《温尧卿等授官赐绯充沧景江陵判官制》有："夫千里之行，始于足下。苟自强不息，亦何远而不届哉？"意思是：走一千里路，是从迈第一步开始的。比喻事情是从头做起，逐步进行的。再艰难的事情，只要持续不懈的行动必有所成。

2. 以此为校训，正如国务院原总理温家宝对青年人的期望，不仅要仰望星空，也要脚踏实地。展现学校志存高远、踏实肯干、务实奋进、求实创新的作风。

3. "千里之行"足见抱负宏大，志存高远，是人的一生追求，也是一个持久的过程。作为技能人才，只有脚踏实地，干好每一个环节，每一步骤的工作，才能与经

济社会对技能人才、金蓝领的要求紧密联系起来。"始于足下"是求学做人的求实态度，又强调"不积跬步，无以至千里"的深广内涵，喻示一切事业均要经历积小成大的过程，必须踏踏实实，从日常生活中的每一件小事做起。

4. 其中的"行"字是点睛之笔，与学校职业教育的办学性质不谋而合，强调实践，重视实践，在实践中实现自我价值，树立学生顽强的意志和耐心、

恒心、决心，同时通过踏踏实实的行动，学习理论基础知识，扎实掌握专业实操技能，在理论与实践的结合中实现知行合一，最终实现人生的成长、成才与成功。

河南化工技师学院与改革开放同行的发展步伐也印证了"千里之行，始于足下"的校训。从1978年至今，经过一代又一代化院人的踏实奋进与不懈努力，今天的河南化工技师学院"全国知名，省内一流"，被誉为"高技能人才的沃土，大国工匠的摇篮"，为助推河南乃至全国经济发展做出了有目共睹的突出贡献。

小结： 中国文化源远流长，五千年的文明历史积淀了深厚的文化传统，我校校训深深植根于中国传统文化的土壤里。时代又为传统注入了新的活力。"千里之行，始于足下"的古训在新的时代条件下，必然以它生生不息的活力鼓舞着化院人开创新的历史，再造新的辉煌！睿智的化院人将始终秉承老子思想的精髓，朝着更高的办学目标，脚踏实地，阔步前进……

河南化工技师学院

化院精神解读

解读：一个团队的精神是团队成员生活信念与人生境界的高度升华，是团队成员一致认同的世界观、人生观、价值观的精髓，是团队生存发展的灵魂支柱、鲜明旗帜和不竭动力。它代表着一个团队的整体形象，彰显着一个团队的特色风貌，引领着一个团队的未来发展。

学院精神为：**艰苦奋斗、踏实肯干、积极阳光、尊重包容、团结协作、精益求精。**

艰苦奋斗 我校自1978年建校以来形成的优良传统与作风，是在漫长岁月中积淀下来的精神财富。正是历经一代又一代化院人的艰苦奋斗，学校才从最初仅有5.3亩地、建筑面积不足1000m²，发展到今天占地面积300亩，总建筑面积20多万平方米，在校生13000余人，成为立足河南，辐射全国的"全国知名、省内一流"的学校。艰苦奋斗是河南化工技师学院在激烈的竞争中脱颖而出的法宝，也是化院精神的首要体现。

踏实肯干 化院人集体性格的突出体现就是踏实肯干。"踏实"是对做事的追求;"肯"是做事的精神状态,是主动积极;"干"是落实。踏实肯干是以旺盛的精力、高度的责任感"干一行、爱一行、精一行"。踏实肯干更是指导化院全体师生"想干事、能干事、会干事、干成事、不出事"的指南针与风向标。说一千,道一万,两横一竖就是干,行动、马上行动、踏实行动是化院人工作学习的不二选择。唯有踏实肯干才是成长进步的正道,才是惠及终生的根本之法。自1978年建校至今,化院人始终力戒空谈,务求实效,用爱岗敬业、奋发有为、百折不挠的意志与毅力撑起一所学校欣欣向荣的今天。

积极阳光 全体化院人永葆正能量、正思维、正精进的集中体现,是化院校园内永远的暖色调。每一位化院人都要用也正在用积极心态、阳光微笑面对工作、学习、生活,温暖别人,照亮自己,撑起属于自己和他人的晴

空,汇聚无边的正能量,推动河南化工技师学院事业的蒸蒸日上和繁荣发展。

尊重包容 全体化院人的为人处世之道,更是学校和谐团结发展的基础。任何人都有优点,同时也都有不足。与人相处要尊重他人的优点,包容他人的不足。"相互补台,好戏连台;相互拆台,全部垮台。"一个单位能否和谐安定,关键在于本单位中的个体能否相互尊重和包容。每个个体只有尊重和包容他人,才能快乐开心地工作和生活。彼此扶持而非相互计较,同舟共济而非互相排挤;以理智化解纠纷,用慧心点亮人生,是化院人"尊重包容"精神的具体表现。

团结协作 团结就是目标一致、理想相同，心往一处想、劲往一处使，团结出战斗力、生产力，团结能减少内耗、提高效率、增强效益，团结使每个人都受益、斗争使每一个人都受损。毛泽东同志说："不但要团结和自己意见相同的人，而且要善于团结那些和自己意见不同的人，还要善于团结那些反对自己并且已被实践证明是犯了错误的人。"协作就是友好合作、相互配合，相互提醒、加强沟通，协作能取长补短、扬长避短、事半功倍、共同辉煌。毛泽东同志说："我们都是来自五湖四海，为了一个共同的目标，走到一起来了。我们的干部要关心每一个战士，一切革命队伍的人都要互相关心，互相爱护，互相帮助。"

精益求精 2016年政府工作报告提出：培育精益求精的工匠精神；2017年政府工作报告又提出：大力弘扬工匠精神，厚植工匠文化，恪尽职业操守，崇尚精益求精；习近平总书记在党的十九大报告中，进一步明确指出：职业教育和培训要"建设知识型、技能型、创新型劳动大军，弘扬劳模精神和工匠精神，营造劳动光荣的社会风尚和精益求精的敬业风气。"所谓精益求精是工匠精神的核心要义，是注重细节、至善至美，是追求完美、做到极致，是把工作标准从99%提高到99.99%。只有精益求精才能提升质量、内涵发展，才能在同行中脱颖而出、创造出美好的生活。

第一部分 立德树人 凝心铸魂——理念文化

"艰苦奋斗、踏实肯干、积极阳光、尊重包容、团结协作、精益求精"这24字化院精神对外树立形象、对内凝聚人心，使全院上下团结一致、共谋发展。"艰苦奋斗、踏实肯干"体现在身体力行上；"积极阳光、尊重包容"集中在心态认知上，"团结协作、精益求精"落实在执行实施上，这24个字是全体化院师生知行合一的完美载体，是化院人独特的"精神长相"。24字化院精神宛如飘扬的旗帜，又如璀璨的灯火，激励着一代又一代化院人薪火传承下去。

河南化工技师学院

 ## 化院价值观"劳动创造美好生活"解读

化院价值观是化院核心文化的体现。河南化工技师学院价值观为:"劳动创造美好生活"。

解读:人的本质属性是什么?是劳动。创造一切财富的源泉是什么?是劳动。推动历史前进的根本动力是什么?是劳动。人最应当具备的别称是什么?是劳动者。

"一勤天下无难事。"劳动是个人的立身之本,是谋生的手段,是致富的前提,是快乐和财富的源泉。劳动使人健康,劳动使人充实,劳动使人愉快,劳动使人幸福,劳动给人们带来了无限的益处。人们用"劳苦功高"来形容做事勤苦,功劳很大。对劳动者来说,这是最高褒扬。

"民生在勤,勤则不匮。"劳动是推动人类社会进步的根本力量,劳动更是一个国家的立国之基。习近平总书记说:"我们说'空谈误国,实干兴邦',实干首先就要脚踏实地劳动。""幸福都是奋斗出来的""撸起袖子加油干",奋斗的姿态

最美丽。今天，全国人民的辛勤劳动、诚实劳动、创造性劳动也正在实现着"中国梦"。

劳动光荣，劳动神圣，劳动伟大、劳动美丽、劳动万岁！劳动成就瑰丽梦想！劳动创造美好生活！劳动创造美好未来！让我们尊重劳动，礼赞劳动，热爱劳动，投身劳动吧！

河南化工技师学院以"劳动创造美好生活"为化院价值观，高举踏实劳动的旗帜，弘扬积极创造的主旋律，鼓励全体师生以高度的主人翁责任感、忘我的拼搏奉献、卓越的劳动创造来赢得属于自己的美好生活，赢得学校的美好明天。学校的发展史就是一部动人的劳动者之歌，学校走出的莘莘学子就是投身中国制造业大潮中奋勇争先的万千劳动者。劳动是师生立身之本、发展之源，也是河南化工技师学院实干兴校，托举化院腾飞梦的完美注脚。

河南化工技师学院

丰富多彩的校园文化活动

①开学第一课
②庆祝建党百年
③升旗仪式
④军训阅兵

第一部分　立德树人　凝心铸魂——理念文化

①化院好声音
②承办"活力杯"河南学校共青团基层基础工作大赛并获得优异成绩
③河南省红色情景剧比赛一等奖
④书香化院阅读推进会

①技能援疆
②竞赛出彩
③世赛凯旋
④技能文化节
⑤诺奖人进化院

第一部分　立德树人　凝心铸魂——理念文化

①赛事志愿服务
②节日慰问活动
③时代楷模张玉滚和七彩马甲志愿者
④烈士陵园扫墓

千里之行　始于足下——河南化工技师学院校园文化读本

①合唱比赛
②一飞冲天
③体育盛会
④众志成城
⑤社团纳新

第二部分　环境育人　以文化人——景观文化

河南化工技师学院

 校园文化广场简介

河南化工技师学院文化广场位于教学实训综合楼一楼和二楼，于2012年7月15日施工，同年9月10日建成。由办学理念广场、传统文化广场、化工文化广场三部分构成。其中办学理念广场设计面积220m²，传统文化广场290m² 化工文化广场235m²。学校文化广场是学校精神理念、审美追求、文化积淀的集中表现。文化广场以文化大观园的形式荟萃了学校办学理念、传统文化精髓、化工文化特色，集中展示了确化工技师学校传承民族文化，开拓办学道路，全力服务化工，一心奉献社会的办学治校风范。

办学理念广场位于教学实训综合楼一楼走廊，内容丰富，风格大气。由名师风采展、办学理念墙、校园文化柱三部分组成。名师风采展集中展示了我校各系部各专业近年来涌现出的优秀教师群像，汇集了全国化工职业教育名师、河南省职教专家等近

20位教师。办学理念墙分"办学理念"与"劳动创造美好生活"左右两面,如打开的书本,吐露知识与智慧、学校发展与成长的芳华,上书文字内容均由我校校长杨箴

立起草并定稿。校园文化柱共6个,柱子四面依次镌刻有:"做事先做人,做人德为先""理想在胸,重任在肩,报效祖国,振兴中华""劳动光荣,劳动神圣,劳动万岁""尊重劳动,礼赞劳动,热爱劳动""写规范字,九州一体,说普通话,四海同音""学会做人,学会做事,学会学习,学会合作"。从不同角度不同侧面教育学生做事做人的道理,为化院师生提供源源不断的正能量。

传统文化广场位于教学实训综合楼一楼大厅,风格典雅,古色古香,由传统文化竹简墙、传统文化圆柱、弟子规18图三部分组成。从办学理念广场步入传统文化广场,视野更加开阔。中间小厅内东西两面传统文化竹简墙分别以"与圣贤为伍与经典同行"和"弘扬传统文化涵养美德人生"对中华民族传统文化进行简洁凝

练的介绍，浩然正气与温文尔雅之风尽现字里行间。大厅内两个传统义化圆柱上分别镌刻上不同字体的"礼义仁智信"与"温良恭俭让"，旨在为化院莘莘学子的知识结构中注入中华文化的传统精神，修身立德，传承文明。弟子规18图提炼出"礼、义、仁、智、信、温、良、恭、俭、让、忠、孝、感恩、和、美、惜、谨"等汉字，并精选《弟子规》文段进行解读，同时精心辅以各种意味深长的花卉图片，以图释义。图中以中国十大传统名花：牡丹、梅花、菊花、兰花、月季、杜鹃、茶花、荷花、桂花、水仙，来装点《礼》《义》《仁》《智》《信》《温》《良》《恭》《俭》《让》，借寓这10个字宛如中国传统文化百花园中最光彩照人的花朵，一直常开不败，芳华永驻。此外，以向日葵来装点《忠》图，以百合装点《和》图，以木槿装点《谨》图，皆取其谐音；以萱草（中国母亲花，康熙曾建萱瑞堂）来装点《孝》图，以美人蕉来装点《美》图，以康乃馨、玉兰花来装点《感恩》图皆借其深意。以木棉装点《惜》图用其花语。细细品读，18幅图片中的每一个元素都有着传统文化的深刻内涵。每遇社会各界领导朋友参观，不只是走马观花，浮光掠影。凝眸驻足时，更可以看到图片背后的故事，个细节都不容浪费。

化工文化广场位于教学实训综合楼二楼大厅，简洁明快，专业特色鲜明。化工文化广场以"化工让世界更精彩""化工使生活更美好"两大主题营造了浓厚的专业氛围。其中更涵盖了煤化工、盐化工、石油化工、精细化工四大化工，另有衣食住行与化工的亲密关系的图文介绍，立柱上介绍了国内四大化学名家与国外四大化学名家。东墙镶嵌有《化学是你化学是我》的歌词与简谱，上有开关，按下按钮，可即时播放悦耳的原版歌曲。西墙上的《合成氨生产流程图》，在夜晚灯光下，能动态展现合成氨生产全貌，融声光色影于一体，将抽象的科学演绎成生动活泼、触手可及的现实。

　　河南化工技师学院文化广场以丰富的内涵、崭新的视角、新颖的表达方式，展现了学校的文化软实力，是学校全面推进发展步伐、加快内涵建设、提高综合实力的一个缩影。奔跑者的路在脚下延伸，河南化工技师学院文化建设之路仍在向前、向前！

第二部分　环境育人　以文化人——景观文化

喷泉、广场等建筑名称及解读

一、河南化工技师学院大门口泉石景观

 作者：陈征

创意说明

来到化院，可圆成才梦；来到化院，身体力行，脚踏实地才能成才。圆梦泉，圆学子成才梦，圆化院腾飞梦。更广阔寓意：中国梦圆，民族复兴梦圆，技能强国梦圆。

点　石　作者：夏彩玲

创意说明

1.这是一块令人瞩目、兴趣盎然的石头，谁来到都不由自主地指点、点评一番，说它像什么像什么，各抒己见，众说纷纭。所以叫"点石"。

2.这块石头，立于水中。石头有了水，就有了灵性。古诗词中有"明月松间照，清泉石上流""泉石本相宜""水落石出"等句。"点"字就是"占"加"水"，占据水中有利地形，从石头的地理位置看，就如"点"字。所以叫"点石"。

3.成语"点石成金"，有化腐朽为神奇之意。我校将"应试教育的失败者"

变为"技能教育的弄潮儿",就有"点石成金"之意。我校又是"高技能人才的沃土、大国工匠的摇篮",所以"点石成金"名副其实。

4. 来我校视察的领导,合作的企业,参观的兄弟院校、家长,读书的学生络绎不绝,因为点石能成金,人人都来点一点,人人都来讨个好彩头。

5. 展现学校民主、和谐氛围,人人都是主人翁,人人都可以指指点点、畅所欲言、建言献策。智慧在集思广益中闪光,学校在群策群力中向前。

6. 石头不语,岁月无言,我校在不断发展壮大。但关于石头的故事和含义,如石边的泉水一样,源源不断,时光飞逝,这块石头和石头的寓意还将被人们继续点评下去。所以就叫"点石"。

点石圆梦

二、河南化工技师学院教学实训大楼前广场

尚德广场　　作者：杨箴立、介斐、袁海燕

创意说明

1. 育人为先，由此进入我校的文化广场。

2. 崇尚道德，追求善美，体现了我校校园文化，做事先做人，做人德为先，和我校教职工注重培养人们树立尚德的思想理念。

尚德广场

3. 所谓"德"，《周易·坤卦·象传》中说："地势坤，君子以厚德载物。"德是涵盖了诚信、仁义等一切品行的道德范畴。《新华字典》的解释是：人们的共同生活及行为的准则规范。"我校弘扬传统文化中的"德"是：礼义仁智信忠孝、温良恭检让感恩"。"德"体现到每个人每时每刻的每一个具体行为，如：诚实不说谎、守时不迟到、待人有礼貌、使用文明用语、不爆粗口……每个人的举手投足、一颦一笑、站立坐走，都彰显了他的"德"。优秀的品德是被别人认可、被别人尊重、被别人相信的前提，更是赢得更多、更好的发展机会的重要基础。

尚技广场

作者：杨箴立

创意说明

所谓"技"，《说文》里解释说："技，巧也"。《新华字典》解释是："才能，手艺"。技师人赖以谋生的手艺，安身立命的根本。我校讲"德技化院，蝶变精彩""德技双优，幸福启航""技能出彩，化院圆梦"，就是让每一位

尚技广场

同学学好技术、练精技能，从而由蛹化蝶，华丽转身。有"德"无"技"，无法更好地完成工作任务，获得较高的新酬，过上美好的生活。有"技"无"德"则会对社会产生负能量，如果德行匮乏，"技"越高对社会的危害会越大。

蝶 湖

作者：张潇

创意说明

湖为东西两侧，似蝴蝶翅膀。我校开展蝶变工程：唤醒学子意识，挖掘学子潜能，激发学子斗志，促其完美转身，华丽蜕变，破茧成蝶。由蛹至蝶，从应试教育的失利者到技能教育的弄潮儿，这是一场根本性的变革，给学生带来的是人生新的飞翔！蝶湖可以说应运而生，韵致优美且寓意深长。

蝶湖春水

第二部分　环境育人　以文化人——景观文化

春华亭

作者：安华

创意说明

与憩园内的秋实亭相合璧为一体，寓意积极进取，劳动创造美好生活。亭中有我校校长杨箴立创作的楹联："德为心　道为骨　包容待世界；技在手　能在身　快乐过生活。"此联为化院学子量身定做，生动贴切，展示德行、技能、思维、人生观等多方面的自然合一。

春华亭雅

连心桥

作者：安华、王红兵、吴涛、李娜

创意说明

1. 师生连心，校企连心，领导和老师连心，此名称很温暖，表现出共建和谐校园的深远含义。

2. 代表校企合作、校校合作之意。

3. 预示企业在我们这里与学子心连心，学校与职工心连心。

连心桥月

4. 东湖内的石桥将两个心形的大小二湖相连，取名"连心桥"，站在桥上，即可观赏连心二湖。

帆 山

作者：夏彩玲

创意说明

1. 山石堆叠，立于水中，像扬起的船帆，李白诗有："长风破浪会有时，直挂云帆济沧海。"象征化院在职教大潮中扬帆远航，驶向美好的明天。

2. 寓意吉祥、美好，一帆风顺。唐诗有："潮平两岸阔，风正一帆悬。"以帆命名假山，寄寓我校风清气正、干事创业的氛围。玉石行有句行话，叫做"玉必有工；工也有意；意必吉祥"。命名帆山就是如此，取吉祥涵义，得恒久祝福。

3. 化院技能教育令许多失意的学生不再迷途，而是沿着新的航向扬帆起航。

4. 与桥一起组成化院景观"帆山柳影"，与湖一起组成化院景观"湖光帆影""碧水飞帆"。

帆山柳影

三、河南化工技师学院憩园系列景观名称

憩 园　　作者：许凌志

创意说明

休息之所在。

憩园凝翠

秋实亭　　作者：安华

创意说明

和春华亭相对，成为一体，寓意天道酬勤，果实累累，有"千里之行始于足下"品尝成功喜悦的意义。亭中有我校王敏老师创作的楹联："学技能争做标兵圆梦中华崛起；育英才竞为名师助力民族复兴。"教育是国之根本，存亡之事，兴衰之道。我校不仅重在拔高学生的技能水平，更要熔铸全校师生怀宏图、存壮志的精神。

秋亭桃夭

河南化工技师学院

 **道路名称及解读**

用脚步丈量天地，就是我们对路的认识。

看过风景，识得冷暖；歧路纷杂，认准正道；漫漫程途，一往无前，这是人生路。

曾走过那么多路，河南化工技师学院是你人生路上的春日驿站，当你驻足于此，学习于此，工作于此，生活于此，这里的每条路，都是你足底驰骋的天地，都载满你的欢歌笑语。

有时，路不在宽，只因满含正气与光明，在我们心中自成大道，指引我们向阳成长。在河南化院，以南北走向为"大道"，以东西走向为"路"，校园内阡陌交通，即便踏上一处林荫小道，若我们身怀厚德强技，成长之路也一定渐入佳境，并终会豁然开朗，走向人生的康庄大道。

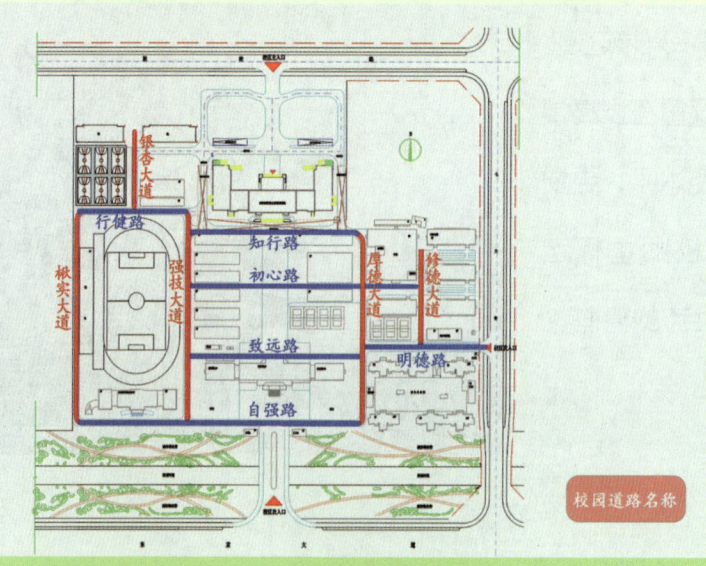

厚德大道

出处：地势坤，君子以厚德载物。　　　　　　——《周易》

解读：大地的气势厚实和顺，君子应增厚美德，容载万物。"厚德"二字蕴含着学校丰富的办学理念："做事先做人，做人德为先"。学校的根本任务是"立德树人"，教师要勤修师德，同时教育学生立德立品，为幸福人生奠基。

"厚德"是河南化院"做事先做人　做人德为先"的结果，喻意师生均有深厚的德行。

位置：教学楼东临南北路

强技大道

解读：家有万金，不如技能在身。河南化院讲"技能化院，蝶变精彩"，就是让每一位同学学好技术、练精技能，从而由蛹化蝶，华丽转身。

"强技"是河南化院"铸大国工匠　凝时代匠心"的结果，喻意师生均有高强的技能。

位置：教学楼西临南北路

修德大道

出处：《夏书》曰：姑务修德，以待时乎！——《左传·庄公八年》

解读：人生在世，修德才能立身，修业必先修德。寓意河南化院人人修养品德，立身行正。

位置：化院小区北门正对南北路

楸实大道

解读：该路沿途长满楸树。楸实取"秋实"音，有春华秋实、求实求是之意。

位置：学校办公楼西临南北路

银杏大道

解读：沿途长满银杏树，每至秋来，一派金黄，自成美景。

位置：5、6号楼前南北路

自强路

出处：天行健，君子以自强不息。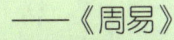

——《周易》

解读：幸福不会从天降，追梦路上当自强。寓意河南化院师生：行走自强路，一生向阳行。

位置：学校教学楼前尚德广场南临东西大道

初心路

解读：不忘初心，方得始终。行走此路，追寻初心，时刻提醒自己善始善终，善作善成。

位置：尚技广场正中东西路

致远路

出处：非淡泊无以明志，非宁静无以致远。——诸葛亮《诫子篇》

解读：千里之行，始于足下。砥砺奋进，行稳致远。寓意河南化院人：志行千里，脚下有力量，心中有远方。

位置：教学楼后东西路

知行路

解读：知是行之始，行是知之成。知行合一寓意思想与行动的高度统一。知行合一，止于至善。

位置：河南省现代化工公共实训基地前东西路

行健路

解读：愈行愈开阔，愈行愈健康。在行走中健康体魄，让健康成为人生的标配。

位置：教学楼后东西路

明德路

出处：大学之道，在明明德，在亲民，在止于至善。

——《礼记·大学》

解读：弘扬光明正大品德，在于使人弃旧图新，在于使人臻于完善。寓意河南化院师生不断光明品德，求取进步。

位置：化院小区西门正对东西爬藤月季花路

第二部分 环境育人 以文化人——景观文化

河南化工技师学院

 "三香园"系列景观名称

　　"三香园"分别为檀香园、丁香园、梅香园，命名以三个花园中的主景树为名。

檀香园

　　"檀香园"，因种植有三棵丛生檀树而得名，檀树高大挺拔、亭亭如盖、郁郁葱葱，同时配植以古桩石榴树、古桩山楂树、金桂、紫荆、紫藤及各种造型树等，颇有"野芳发而幽香，佳木秀而繁阴"的韵味。仿古式六角亭、游廊延伸了整个花园，在这里我们可以听到师生休憩、高谈阔论的雅况；如镜子一般自然式驳岸湖内有色彩各异的锦鲤成群穿梭于睡莲、荷花之间玩闹，"幸运珠"动态喷泉雕塑在湖面上更显得生动有趣，与自然环境相得益彰。

花鸟虫鱼、古木参天,一派生机盎然,"树林阴翳,鸣声上下,游人去而禽鸟乐也"。

檀香园"幸运珠喷泉"

丁香园

"丁香园",因花园种植有形态不一的丁香树而命名,宋代早有诗云:"落木萧萧,琉璃叶下琼葩吐。素香柔树,雅称幽人趣"。在古人眼里丁香花素淡的香气正是雅士幽居的乐趣和象征。满园书香气,其中嫁接有高杆紫丁香、白丁香、丛生丁香、暴马丁香等。其体柔弱,乱结枝犹垫。细叶带浮毛,疏花披素艳。花又会飞上枝头,美好会伴着花开而来。入眼中式的月亮门配以跌水式景墙,活泼生动;以月亮门为界分为南北两园,蕴含植被层次感和景观多样性。南园为弯曲流畅的黄锈石挡土墙师生可以此休息交流,赢得桃欢李笑春满园；北园则以粗犷自然的岩石片堆积成挡土墙，四角木亭和自然起伏的微地形坡地上构成了自然淳朴的田园式风格，让师生置身园中享受到"朝露待日晞"的悠然惬意。

丁香园

梅香园

"梅香园"因种植大量梅花而得名，梅花品种多样、花色、形态各异，有着丰富的文化内涵。有"零落成泥碾作尘，只有香如故"的无私；"疏影横斜水清浅，暗香浮动月黄昏"的清雅；"墙角数枝梅，凌寒独自开"的傲骨；"不经一番寒彻骨，怎得梅花扑鼻香"的坚韧。两个造型独特的"刺柏六角亭"及女贞树，学校领导将亲师爱生理念规划其中，独具艺术感，闲暇时或休憩、或谈笑、或把玩，别有一番风趣。高大艳丽的彩叶树——茶条槭作为主景树，树下站立着的汉白玉美少女趣味喷泉雕塑，欧式造型，魅力四射，蕴含着人文主义色彩，二者相映成趣。花园北侧设置有梅花文化景墙，景墙上两句诗词："已是悬崖百丈冰，犹有花枝俏"和"宝剑锋从磨砺出，梅花香自苦寒来"凸显出梅花高洁、坚强、谦虚的品格，激励无数学子立志奋发。

檀香园"幸运珠喷泉"

警世贤文·勤奋篇

第二部分 环境育人 以文化人——景观文化

河南化工技师学院

"化院十景"

教学大楼

始建于 2010 年，2012 年投入使用，约 2 万平方米，可容纳师生约 5000 人，是化院学子学习知识技能的殿堂。楼内一层为传统文化广场，一楼走廊为办学理念广场，二层为化工文化广场。天气晴朗时，教学大楼在蓝天白云映衬下，更显得壮观大气、雄伟气派，自成化院一景。

蝶湖夏景

河南化院东湖因状如蝴蝶，被誉为"蝶湖"。蝶湖四季皆景，尤其到了夏天，一池荷花四面绿柳，微风吹过，阵阵荷香。连心桥倒影如虹，又像美丽的大眼睛，湖内鱼儿游来游去，北面帆山飞瀑，竹林青翠，是化院风景宜人的佳处。

在水一方

"蒹葭苍苍,白露为霜。所谓伊人,在水一方……"河南化院办公信息楼坐落于青青碧水河畔,春夏芳草萋萋、绿意盎然,沿途繁花盛开,秋来白鹭飞翔、芦花飘荡,映着欧白云,

一片祥和美丽之景。一湾清流环抱中,绿树浓荫花成,绝佳位置、优美景致,寓意着河南化院的明天欣欣向荣,学子朝气蓬勃。

连心共荣

此国槐根部相连,枝叶相触,是河南心连心化学工业集团股份有限公司于2018年10月赠予河南化院的"兄弟树""连心树",槐下石头上刻有"心连心赠国槐友谊地久天长,校企合作产教融合根深叶茂。"寓意学子茁壮成长、学业顺利,校企合作共同成长、合作共赢、欣欣向荣。寄望心连心联办班无论走出归来都不忘河南化院和心连心公司的培育之恩,愿校企合作之树长成傲人风景。

点石圆梦

河南化院入门之景，点石立于水中，清泉沐浴点石，变成流动的山水画，喜迎八方来客。我校将"应试教育的失利者"变为"技能教育的弄潮儿"，有化腐朽为神奇之意——"点石圆梦"。寓意美好，寄托吉祥，富有情怀，天南海北，点石圆梦，人来人往，到此驻足观看，指点美景，可圆好梦，更寓意圆学子成才梦、圆化院腾飞梦。

花漾憩园

憩园是化院师生休息乐园，园内共种植花卉有20多种，有日本早樱、晚樱、红叶碧桃、榆叶梅、美人梅、腊梅花、红梅花、月季、郁金香、桂花、海棠、蜀葵、紫薇、迎春、凌霄、紫藤、绣线菊、葱兰、石榴花、梨花等，憩园内四季花香，景色宜人，置身此地让人心情愉悦。

银杏长廊

每至秋来，银杏大道沿途的 32 棵银杏树，在蓝天白云的映衬下，自成美景，呈现"满地尽带黄金甲"的奇景。夜幕降临，长廊内繁灯点点、色彩斑斓，充满神奇色彩。

内有"梅兰竹菊、琴棋书画"八个灯座，充满文化气息。坐在长椅上，悦读书香，穿越银杏时光隧道，有一种岁月流转的感悟。

技师摇篮

河南化院践行"铸大国工匠，凝时代匠心"的办学理念，打造"德技双优的高技能人才培养培训"品牌，被誉为"高技能人才的沃土，大国工匠的摇篮。"自 1978 年建校至今，学校为社会培训各类实用型技能人才 5 万多名，我校学生在第 45 届世界技能大赛工业控制项目全国选拔赛上夺魁，多人获得"全国最美中职生标兵""五一劳动奖章""技术能手""劳动模范""先进工作者""三八红旗手"等荣誉称号，名副其实为"技师摇篮"。

金榆参天

在大草坪上孤植一棵金叶榆树,自然式置石,追求"虽由人作,宛自天开"的野趣,与周围环境浑然天成,融为一体。榆树寓意通游顺和朴实无华,教会学子做人道理,脚踏实地、勤勤恳恳,与校训"千里之行始于足下"相呼应。

山水微境 河南化院小品景观

以石头代表山,白沙代表水,整体看是一个有山有水的微观世界,以小观大,含蕴天地,盈尺之地,别有洞天。"一池三山"是中国园林造景模式的雏形,是由神话传说演变成的空间形态,其中一池指太液池,三山指古代神话传说中的蓬莱、方丈、瀛洲三座仙山,为神仙居所,是人憧憬向往的仙境,追求融于自然,与自然共生。承德避暑山庄、颐和园、杭州西湖等宫苑园林都采用此布局,讲究景观多方面、多层次的艺术之美。

第三部分　天人合一　道法自然——生态文化

河南化工技师学院现已建成校园与植物园共融合一的现代化生态校园，校园内古木参天、树种丰富、花木繁多、景色宜人，是开封市职教园区校园建设的一张亮丽名片，是学习技能、提升修养、环境育人的好地方。自2011年河南化工技师学院新校区投入使用以来，历经精心规划和大力建设，已拥有植物180多种（含品种），还有各类花鸟虫鱼。据统计，学校绿化面积约五万平方米，绿化覆盖率达41%。共栽植乔灌木约两万棵，共计150多个品种的苗木，其中乔木36个品种约900棵，灌木80多个品种约17000棵，花卉品种50多种。

我校名贵树种有古桩海棠、古桩月季、银杏、古桩五角枫、朴树、国槐树、皂荚树、丁香树、紫檀树、青檀树等。观赏类乔木有银杏、雪松、金叶榆、皂荚、桂树、棕榈树、玉兰、香樟树、楸树等；果树类有枇杷树、葡萄树、石榴树、梨树、杏树、山楂树、核桃树、桃树等，花卉类有牡丹、荷花、紫薇、丁香、腊梅、海棠、桂花、玉兰、樱花、月季等。每到春季校园内各种鲜花竞相开放，尤其到五月份，月季花爬满了围墙，花朵芬芳，颜色娇艳，草木郁郁葱葱，真正让"美丽化院""花园校园"由愿景变为现实！

我校生态校园建设目标是实现校园"四化"：净化、绿化、美化、文化，建成两季有果、四季花开、终年常青、风景宜人、生态文明的5A级生态校园。目前，我校在整合原有植物的基础上，不断增加植物多样性，促进绿化环境和生态环境不断完善改进。

河南化工技师学院

 **十大名花**

鲜花是地球上的精灵，不仅给人们带来愉悦舒适的生活环境，同样具有陶冶情操作用，像溪水一样无声无息地滋润着自然万物，在我国悠久的植物文化中也孕育出了十大名花：梅花、牡丹、菊花、兰花、月季、杜鹃、茶花、荷花、桂花、水仙花，这十种名花各有特色，也分别有着不同的精神象征和文化内涵，因而在花卉界独树一帜。

河南化工技师学院目前花卉种类繁多，每至春来，芬芳馥郁、姹紫嫣红，繁花似锦。我校师生在百花丛中选出了校园的十大名花。每一朵花都有它的花语和特殊的文化内涵，总有一种花会给你带来不一样的鲜艳，惊艳你的灵魂。

牡 丹

别称：洛阳花、富贵花

简介：牡丹开放于春尽之时，不与百花争春，是中国十大名花之一，象征雍容华贵、富丽堂皇、繁荣昌盛、幸福和平。有"国色天香"美誉，是我国"花中之王"。

花期：4-5月

植物文化：牡丹文化异彩纷呈，被赋予了丰富多元的文化意义：一是不惧强势之傲骨，武则天贬牡丹的传说正体现了这一点。二趣雅脱俗之韵味，牡丹中的白牡丹，颇具清雅脱俗之气，寄寓高洁典雅。三是谦逊处下之品德，牡丹虽为百花之王，却不与百花争艳，而是百花开后，绽放异彩。

诗词名句：唯有牡丹真国色，花开时节动京城。

——刘禹锡《赏牡丹》

花语：圆满、浓情、雍容华贵

化院坐标：教学楼北牡丹花坛

海棠

别称：木瓜

简介：西府海棠、垂丝海棠、贴梗海棠、木瓜海棠被称为"海棠四品"，是中国著名观赏树种。海棠花或深红浅红，或艳红粉红，且红中透白，白中泛红，花质细嫩，花开时一树繁花，蔚为可观。一丛丛一簇簇的海棠，风前摇曳，艳丽花姿，楚楚动人。

花期：4-5月

植物文化：海棠迎风峭立、花开似锦，是雅俗共赏的名花，素有"花中神仙""花贵妃""花尊贵"之称，并有"国艳"之誉。

诗词名句：雪绽霞铺锦水头，占春颜色最风流。若教更近天街种，马上多逢醉五侯。

——吴融《海棠》

花语：温和、美丽、快乐

化院坐标：全校范围

月季

别称：月月红、长春花

简介：中国十大名花之一。原产中国，早在汉代就有栽培，唐宋以后更是栽种不绝，历来文人留下了不少赞美月季的诗句。

花期：5-10月

植物文化：月季有一种坚韧不屈、自强不息、无私奉献的精神，花期长久，花香悠远，被誉为"花中皇后"。最新的考古发现，月季花是华夏先民黄帝部族的图腾植物，是一种文化符号。

诗词名句：只道花无十日红，此花无日不春风。

——杨万里《腊前月季》

花语：幸福、美好、和平、友谊

化院坐标：牡丹花坛、憩园内

桂花

别称：木犀、九里香

简介：桂花是中国传统十大名花之一。桂花的栽培历史悠久，自古就深受人们的喜爱，具有丰富的文化内涵。

花期：9-10月

植物文化：仲秋时节，丛桂怒放，花香数里，古人赞之曰："清可绝尘，浓能远溢"。桂花终年翠绿、淳朴淡雅，从不以媚态示人，小花总是隐藏在枝叶之后，将自己质朴的香气撒满人间，具有不图名利、无私奉献的崇高风格。有"吴刚伐桂""蟾宫折桂""桂花仙子""楚霸王与桂树"等传说。

诗词名句：何须浅碧深红色，自是花中第一流。

——李清照《鹧鸪天·桂花》

花语：崇高、吉祥、友好、忠贞之士、芳宜不屈、仙友仙客

化院坐标：全校范围内

丁香花

别称：紫丁香属

花期：6-8月

植物文化：丁香因花朵细小如丁、气味芳香而得名。丁香花紫者清丽、白者淡雅，由许多小花组成硕大的圆锥形花序，色彩素淡而不浓艳，极具观赏价值。丁香的美是一种含蓄的内在美，莉求美丽爱情和幸福生活的象征。

诗词名句：撑着油纸伞/独自彷徨在悠长/悠长又寂寥的雨巷/我希望逢着/一个丁香一样的/结着愁怨的姑娘……

——戴望舒《雨巷》

花语：纯真无邪、初恋、谦逊、忧愁思念

化院坐标：丁香园内、5、6号宿舍楼周边

樱 花

别称：山樱花

花期：4月

植物文化：樱花是爱情与希望的象征，代表着高雅、质朴、纯洁的爱情。樱花宛如懵懂少女，安静的在春天开放，满树白色、粉色的樱花，是对情人诉说爱情的最美语言。樱花花期短暂，素有"樱花七日"之说，樱花的美在于怒放那一瞬间的绚烂，开时，千朵万朵竞相妍，落时，静悄悄随风伴雨归于土。一瞬间满树皆花，一瞬间又尽数坠落，边开边落便成了樱树的特点。

诗词名句：樱花红陌上，柳叶绿池边。燕子声声里，相思又一年。

——周恩来《春日偶成》

花语：爱情、希望、高雅、质朴、纯洁

化院坐标：憩园内、蝶湖周边

荷 花

别称：莲花、水芙蓉

简介：荷花是多年生水生草本花卉，地下茎长而肥厚，有长节，叶盾圆形。其全身皆宝，藕和莲子能食用，根茎、藕节、荷叶、花及种子的胚芽等都可入药。

花期：6-9月

植物文化：荷花自古被喻为美好的化身，是吉祥和爱情的象征，民间歌谣中有"送荷包"为男女定情之物的说法。荷花以其深厚的文化内涵，成为古往今来文人墨客歌咏绘画的题材之一，也使之稳居中国十大传统名花榜单。

诗词名句：中通外直，不蔓不枝，出淤泥而不染，濯清涟而不妖。

——周敦颐《爱莲说》

花语：清白、坚贞、纯洁、信仰、忠贞和爱情

化院坐标：蝶湖内

红 梅

花期：2-3月

植物文化：梅花是中国十大名花之首，与兰花、竹子、菊花一起列为"四君子"，与松、竹并称为"岁寒三友"。梅花有着非凡的气度、脱俗的韵致及乐群共生、雅俗共赏的高尚品格，是中国人精神的一种理想寄托，梅花以其独特的品性与风范，历来在中国极受推崇，画梅、咏梅、植梅等十分普及。

诗词名句：墙角数枝梅，凌寒独自开。

遥知不是雪,为有暗香来。

——王安石《梅花》

花语:凌霜斗雪、迎春开放、坚强、高雅、不趋荣利

化院坐标:梅香园及憩园内

紫薇

别称:百日红、满堂红

花期:6-9月

简介:紫薇树姿优美,树干光滑洁净,花色艳丽;开花时正当夏秋少花季节,花期长,故有"百日红"之称。

植物文化:中国民间有一个关于紫薇花来历的传说,远古时代,有一种凶恶的野兽名叫年,它伤害人畜无数,于是紫微星下凡,将它锁进深山,一年只准它出山一次。为了监管年,紫微星便化作紫薇花留在人间,给人间带来平安和美丽。传说如果家的周围开满了紫薇花,紫薇仙子将会带来一生一世的幸福。

诗词名句:独坐黄昏谁是伴,紫薇花对紫微郎。

——白居易《紫薇花》

花语:沉迷的爱、好运、雄辩、女性

化院坐标:憩园内、教学楼南侧道路、田径场北

桃 花

花期：3-4月

植物文化：桃花鲜艳而热烈、动人而妖娆，有着旺盛的生命力，寓意着希望和兴盛，带给人们无限美好的遐想。桃花以其如胭脂、如红霞般的绚烂成为春天舞台的主角，桃花主色调为红，是一种俊逸高雅、美妙绝伦的"桃红"，如"其色则不淡不深，若素练轻茜，玉颜半酡"。在中国神话中，将桃木奉为神树仙木，具有辟邪除灾之说。桃树可孤植于河边、池畔，每逢春季花开，桃树低垂濡染春水，有一种清新淡雅的美感。若成片种植，则花开如云、芳菲烂漫、满树云锦、桃海飘来阵阵清香，可谓云蒸霞蔚、曼妙如画。

诗词名句：人间四月芳菲尽，山寺桃花始盛开。

——白居易《大理寺桃花》

花语：爱情的俘虏

化院坐标：师生公寓及憩园内

河南化院一派繁花似锦
趁着风和日丽出门踏青
莫要辜负了好春光
款步有声，舒缓有序
不急不躁，不温不火
一弯浅笑，万千深情
尘烟几许，浅思淡行
于时光深处，静看花开花谢
虽历经沧桑，
仍含笑一腔温暖如初
人生不过如此而已
愿你的生命从容
灿烂如一树花开

河南化工技师学院

十大名树

花有花的绚丽，树有树的风采，或郁郁葱葱或树影婆娑，或婀娜多姿或苍劲挺拔。中国十大名树有：轩辕柏、凤凰松、迎客松、二将军柏、阿里山神木、帝王树、章台古梅、玉峰寺山茶、天马河古榕、圣水寺汉桂。

现如今河南化工技师学院校内种植乔木树种居多，一棵棵参天秀木静静伫立、默默守护在河南化院这片朝气蓬勃的土地上，见证着一度又一度秋去春来。他们洒下片片绿荫，送来阵阵清凉，我校师生在众多佳木中选出了十大名树，蕴含独特的文化寓意。

国 槐

别称：槐树、家槐

简介：国槐枝叶茂密，绿荫如盖，是城乡良好的遮荫树和行道树种，对二氧化硫、氯气等有毒气体育较强的抗性。其树形优美、气质古朴。

植物文化：是古代三公宰辅之位和科第吉兆的象征：唐代科举考试关乎读书士子的功名利禄、荣华富贵，希望能借此阶梯而上，博得三公（古代官职的代名词）之位。明初，朝廷将山西人口大规模移往全国各地，出发

地点即是洪洞县一株大槐树,故民谚有"问我祖先何处来,山西洪洞大槐树",因此槐树又是古代迁民怀祖的寄托和寻根文化的代表。

谚语名句:门前种槐,升官发财;前槐后柳,越过越有。

树语:举仕有望、安家保宅、多福多寿

化院坐标:校门口、教学楼东西花园、办公楼西侧及宿舍楼周围

雪 松

别称:槐香柏、不老松

简介:世界著名观赏树种,四季常青、高大耸立、平枝舒展,能形成繁茂雄伟的树冠。

植物文化:雪松是"岁寒三友"之首,在酷寒地区依然苍翠如故,能承受风雪冰霜的

打压,巍然挺立。雪松以坚贞不屈、高尚纯洁、傲立于世的姿态示人有着阳刚之美。代表着长寿,其长青的特点也象征着中华民族生生不息的精神。我校门口两侧耸立的雪松林像威严庄重的战士一样,感染着河南化院的莘莘学子,要有雪松一样的精神,站成一棵树的风姿。

诗词名句:大雪压青松,青松挺且直。要知松高洁,待到雪化时。

——陈毅《咏松》

树语:积极向上、不屈不挠

化院坐标:校门口、教学楼东西花园、办公楼南侧

香樟

别称：木樟、芳樟

简介：香樟根深叶茂、质朴无华、四季常青，展示着顽强坚韧的生命，散发清淡悠远的芳香。

植物文化：相传，始建于清咸丰年间的粟裕故居，屋后栽了3棵香樟树，百年不倒，静静守护着故居，防止屋后山体垮塌，净化空气驱除虫害，因此香樟树成了故居的"景观树""保寨树"，具有辟邪、长寿和吉祥如意的寓意。

诗词谚语：豫樟生深山，七年而后知。

——白居易《寓意诗五首》

树语："幸福树""和谐树"，守望幸福。

化院坐标：教学楼北、办公楼南、师生公寓内

榆 树

别称：春榆、家榆

简介：树形优美，叶色季相变化丰富，春天浓绿的榆钱排满枝梢，夏天绿荫浓密，秋天满树金黄，初冬树叶飘然而落，树干伟

岸挺拔、树枝细柔。

植物文化：其树姿端正而不妖艳，颇有"君子"气质，与松、柏、樟、楠、槐在一起被称为"树木六君子"。榆树以自己坚韧的品性，厚重的性格与古人所推崇的做人理念相契合。

诗词名句：榆柳荫后檐，桃李罗堂前。

——陶渊明《归田园居》

化院坐标：金叶榆树——叶金黄色（教学楼北）；垂枝金叶榆树——树形奇特，树冠呈伞状（师生公寓东门及田径场东北角）

银 杏

别称：白果树、公孙树

植物文化：银杏气势雄伟、葱郁庄重，在中国的名山大川、古刹寺庵中无不有高大挺拔的古银杏，它们历尽沧桑、遥溯古今。历代骚人墨客留下了许多诗文辞赋。其寿命极长，生长较慢，自然条件下从栽种到结银杏果要二十多年，因此又有人把它称作"公孙树"，有"公种而孙得食"的含义，是树中的老寿星，也是地球上最古老的树种。

诗词名句：文杏栽为梁，香茅结为宇。

　　　　　不知栋里云，去做人间雨。

——王维《文杏馆》

化院坐标：田径场北银杏大道、教学楼北、宿舍楼周围

合欢树

别称：马缨花、绒花树

简介：合欢花叶与众不同，在群花之中展示自己独特的一面，深受大众喜爱。合欢树被称为敏感性植物，被列为地震观测的首选树种。

植物文化：夏天到来，合欢粉红色的绒花吐艳，花红成簇、秀美别致；叶子纤细似羽、绿荫如伞，羽状复叶昼开夜合，十分清奇，像举案齐眉的爱侣静静地依偎在一起，相互照应扶持无需言语心灵相通，坚定地传达彼此亘古不变的守候和爱意。

花期：6-7月

花语：有喜庆的寓意，象征夫妻和睦，和和美美。

化院坐标：教学楼北侧、田径场北侧

梧桐树

别称：青桐、中国梧桐

简介：梧桐树高大挺拔、叶大优美，树冠呈卵圆形，树干端直，树皮青绿平滑，侧枝粗壮，翠绿色，是著名的观赏树种。

植物文化：因凤凰"非梧桐不栖"更显高贵，"南方有鸟，其名为鹓雏，子知之乎？夫鹓雏，发于南海而飞于北海，非梧桐不止"，说的是凤凰从南海飞到北海，只有遇见梧桐才降落到上面，因此有"栽下梧桐树，自有凤凰来"之说。

诗词名句：春风桃李花开日，秋雨梧桐叶落时。

——白居易《长恨歌（节选）》

化院坐标：教学楼东西花园

楸 树

别称：梓桐、金丝楸

简介：楸树树姿俊秀，树干通直圆满；枝繁叶茂，叶片大而翠绿；楸树花色淡雅花形若钟，红斑点缀白色花冠如雪似火，深受人们的喜爱，是吉祥富足的象征。它是我国特有的珍稀用材，木材纹理通直、花纹美观、质地坚韧致，其木材素有"木王"之称。

诗词名句：几岁生成为大树，
　　　　　　一朝缠绕困长藤。
　　　　　　谁人与脱青罗帔，
　　　　　　看吐高花万万层。

——韩愈《楸树》

花期：5-6月

化院坐标：楸实大道路西

第三部分 天人合一 道法自然——生态文化

朴 树

别称：朴仔树、沙朴

简介：朴树树体高大雄伟、树冠宽广、树形美观、枝叶青翠、绿荫浓郁，成年后显示出古朴的树姿风貌，是园林建设中极具潜力的优良庭荫树、行道树、配景树，是我国植物资源中重要的乡土树种。同时朴树也是诱鸟树，果实成熟后颜色红艳，为鸟类提供栖息觅食之地。

在园林应用中常用朴树营造树影婆娑、芳草萋萋、鸟语花香、蓝天白云、绿树青山的自然式植物景观，展示出田园风光的朴素、和谐、平静之美，体现出一种宁静、深邃、活泼的气氛。

化院坐标：教学楼北

皂荚树

别称：皂角、牙皂

简介：蔷薇目豆科荚属落叶乔木或小乔木，花杂性，黄白色，种子长圆形或椭圆形。生长旺盛，雌雄异株，雌树结荚（皂角）能力强。皂荚果是医药食品、保健品、化妆品及洗涤用品的天然原料。此外，皂荚种子可消积化食开胃，并含有瓜尔豆胶。皂荚刺（皂

针）内含黄酮甙、酚类，氨基酸，有很高的经济价值。

植物文化： 皂荚是长寿的象征，体现了济世传统以及对真善美统一的完美人格的不懈追求。

化院坐标： 师生公寓东门口

《如果有来生》

如果有来生，

要做一棵树，

站成永恒，

没有悲欢的姿势。

一半在尘土里安详，

一半在风里飞扬，

一半洒落阴凉，

一半沐浴阳光。

非常沉默，非常骄傲。

从不依靠，从不寻找。

——三毛

第四部分　学习圣贤　致敬经典——传统文化

河南化工技师学院

 弘扬传统文化　涵养美德人生

中国传统文化的精粹是什么？是以儒家学说为代表的关于对人、对社会的认识，以及对社会行为规范的追求，即"礼义仁智信"。简而言之，即"礼和、忠义、仁爱、睿智、诚信"。中国传统文化所传承的中华文化价值，是涵养民族主体意识之根基，是维系民族精神命脉之源泉。

"天行健，君子以自强不息；地势坤，君子以厚德载物。"悠悠五千年，浩浩中华魂，中国优秀传统文化铸就了中华民族的精、气、神。我们仰望星空，我们脚踏实地，向天地学习，学会坚强与包容。具有高尚品德的人就会受到人们的拥戴，恪守道德准则的团体就会与时俱进，健康发展。所以，继承发扬中国优秀传统文化、涵养美德智慧人生应该成为我们每一位化院师生崇高不变的追求。

做事先做人，做人德为先。让我们"弘扬传统文化、传承中华文明、培养人文情怀、铸造民族精神"，让传统文化如春风化雨般浸润每一位师生的心田。河南化工技师学院的学子们，当你走进这片校园，请时刻牢记：小胜凭智，大胜靠德，争做道德品质高尚的高技能人才，为国家建设贡献自己的力量，创造美好的人生！！！

河南化工技师学院

与圣贤为伍　与经典同行

学生时代是文化素养、高尚人格形成的关键时期，学习优秀传统文化对其为人处世和在成长历程中起着极为重要的作用。

我校的传统文化教育就是要在莘莘学子的知识结构中注入中华文化的传统精神，修身立德，传承文明，弘扬美德。

学习优秀传统文化能够帮助同学们管理好自己，养成良好的生活习惯，力求做最好的自我。

学习优秀传统文化能够帮助同学们学会与周围的人（物）和谐友好相处，由爱而生敬。

学习优秀传统文化可以培养同学们的爱心、诚心、感恩之心。人生的价值在于奉献而不在于索取。生活在感恩报恩之中的人，其人生才会更有价值和意义。

学习优秀传统文化可以让同学们知道一个优秀企业对职工的要求不仅是精湛的专业技能、更重要的是社会公德和职业道德。

学习优秀传统文化可以让同学们懂得，优秀的现代企业并不仅仅是效益最高的企业，而是创造高效益的同时又能乐于承担社会责任、实现社会效益的企业。

学习优秀传统文化，创立富有河南化工技师学院特色的校园文化，走品牌办学之路！

让经典的著作芳华永驻，让圣贤的精神薪火相传！！！

河南化工技师学院

《弟子规》诵读版

dì zǐ guī
弟子规

zǒng xù
【总叙】

dì zǐ guī　shèng rén xùn　shǒu xiào tì　cì jǐn xìn
弟子规　圣人训　首孝弟　次谨信

fàn ài zhòng　ér qīn rén　yǒu yú lì　zé xué wén
泛爱众　而亲仁　有余力　则学文①

rù zé xiào
【入则孝】

fù mǔ hū　yìng wù huǎn　fù mǔ mìng　xíng wù lǎn
父母呼　应勿缓　父母命　行勿懒

fù mǔ jiào　xū jìng tīng　fù mǔ zé　xū shùn chéng
父母教　须敬听　父母责　须顺承②

dōng zé wēn　xià zé qìng　chén zé xǐng　hūn zé dìng
冬则温　夏则清　晨则省　昏则定

chū bì gào　fǎn bì miàn　jū yǒu cháng　yè wú biàn
出必告　反必面　居有常　业无变③

事虽小　勿擅为　苟擅为　子道亏

物虽小　勿私藏　苟私藏　亲心伤④

亲所好　力为具　亲所恶　谨为去

身有伤　贻亲忧　德有伤　贻亲羞

亲爱我　孝何难　亲憎我　孝方贤⑤

亲有过　谏使更　怡吾色　柔吾声

谏不入　悦复谏　号泣随　挞无怨⑥

亲有疾　药先尝　昼夜侍　不离床

丧三年　常悲咽　居处变　酒肉绝

丧尽礼　祭尽诚　事死者　如事生⑦

第四部分　学习圣贤　致敬经典——传统文化

【出则弟】

兄道友　弟道恭　兄弟睦　孝在中

财物轻　怨何生　言语忍　忿自泯⑧

或饮食　或坐走　长者先　幼者后

长呼人　即代叫　人不在　己即到⑨

称尊长　勿呼名　对尊长　勿见能

路遇长　疾趋揖　长无言　退恭立

骑下马　乘下车　过犹待　百步余⑩

长者立　幼勿坐　长者坐　命乃坐

尊长前　声要低　低不闻　却非宜

进必趋　退必迟　问起对　视勿移⑪

事诸父　如事父　事诸兄　如事兄⑫

【谨 jǐn】

朝起早　夜眠迟　老易至　惜此时

晨必盥　兼漱口　便溺回　辄净手 ⑬

冠必正　纽必结　袜与履　俱紧切

置冠服　有定位　勿乱顿　致污秽 ⑭

衣贵洁　不贵华　上循分　下称家

对饮食　勿拣择　食适可　勿过则

年方少　勿饮酒　饮酒醉　最为丑 ⑮

步从容　立端正　揖深圆　拜恭敬

勿践阈　勿跛倚　勿箕踞　勿摇髀 ⑯

第四部分 学习圣贤 致敬经典——传统文化

缓揭帘　勿有声　宽转弯　勿触棱
执虚器　如执盈　入虚室　如有人
事勿忙　忙多错　勿畏难　勿轻略
斗闹场　绝勿近　邪僻事　绝勿问⑰
将入门　问孰存　将上堂　声必扬
人问谁　对以名　吾与我　不分明
用人物　须明求　倘不问　即为偷
借人物　及时还　后有急　借不难⑱

【信】xìn

凡出言 信为先 诈与妄 奚可焉
话说多 不如少 惟其是 勿佞巧
奸巧语 秽污词 市井气 切戒之[19]
见未真 勿轻言 知未的 勿轻传
事非宜 勿轻诺 苟轻诺 进退错
凡道字 重且舒 勿急疾 勿模糊
彼说长 此说短 不关己 莫闲管[20]
见人善 即思齐 纵去远 以渐跻
见人恶 即内省 有则改 无加警[21]

第四部分　学习圣贤　致敬经典——传统文化

唯德学　唯才艺　不如人　当自砺
若衣服　若饮食　不如人　勿生戚㉒
闻过怒　闻誉乐　损友来　益友却
闻誉恐　闻过欣　直谅士　渐相亲㉓
无心非　名为错　有心非　名为恶
过能改　归于无　倘掩饰　增一辜㉔

fàn ài zhòng

【泛爱众】

fán shì rén jiē xū ài tiān tóng fù dì tóng zài

凡是人 皆须爱 天同覆 地同载[25]

xìng gāo zhě míng zì gāo rén suǒ zhòng fēi mào gāo

行高者 名自高 人所重 非貌高

cái dà zhě wàng zì dà rén suǒ fú fēi yán dà

才大者 望自大 人所服 非言大[26]

yǐ yǒu néng wù zì sī rén suǒ néng wù qīng zī

己有能 勿自私 人所能 勿轻訾

wù chǎn fù wù jiāo pín wù yàn gù wù xǐ xīn

勿谄富 勿骄贫 勿厌故 勿喜新

rén bù xián wù shì jiǎo rén bù ān wù huà rǎo

人不闲 勿事搅 人不安 勿话扰[27]

rén yǒu duǎn qiè mò jiē rén yǒu sī qiè mò shuō

人有短 切莫揭 人有私 切莫说

dào rén shàn jí shì shàn rén zhī zhī yù sī miǎn

道人善 即是善 人知之 愈思勉

yáng rén è jì shì è jí zhī shèn huò qiě zuò

扬人恶 即是恶 疾之甚 祸且作

shàn xiāng quàn dé jiē jiàn guò bù guī dào liǎng kuī

善相劝 德皆建 过不规 道两亏[28]

凡取与　贵分晓　与宜多　取宜少
将加人　先问己　己不欲　即速已
恩欲报　怨欲忘　抱怨短　报恩长㉙
待婢仆　身贵端　虽贵端　慈而宽
势服人　心不然　理服人　方无言㉚

【亲仁】

同是人　类不齐　流俗众　仁者希
果仁者　人多畏　言不讳　色不媚
能亲仁　无限好　德日进　过日少
不亲仁　无限害　小人进　百事坏㉛

yú lì xué wén

【余力学文】

bú lì xíng　dàn xué wén　zhǎng fú huá　chéng hé rén
不力行　但学文　长浮华　成何人

dàn lì xíng　bù xué wén　rèn jǐ jiàn　mèi lǐ zhēn
但力行　不学文　任己见　昧理真 ㉜

dú shū fǎ　yǒu sān dào　xīn yǎn kǒu　xìn jiē yào
读书法　有三到　心眼口　信皆要

fāng dú cǐ　wù mù bǐ　cǐ wèi zhōng　bǐ wù qǐ
方读此　勿慕彼　此未终　彼勿起

kuān wéi xiàn　jǐn yòng gōng　gōng fū dào　zhì sè tōng
宽为限　紧用功　工夫到　滞塞通

xīn yǒu yí　suí zhá jì　jiù rén wèn　qiú què yì
心有疑　随札记　就人问　求确义 ㉝

fáng shì qīng　qiáng bì jìng　jī àn jié　bǐ yàn zhèng
房室清　墙壁净　几案洁　笔砚正

mò mó piān　xīn bù duān　zì bú jìng　xīn xiān bìng
墨磨偏　心不端　字不敬　心先病

liè diǎn jí　yǒu dìng chù　dú kàn bì　huán yuán chù
列典籍　有定处　读看毕　还原处

suī yǒu jí　juàn shù qí　yǒu quē huài　jiù bǔ zhī
虽有急　卷束齐　有缺坏　就补之

fēi shèng shū　bǐng wù shì　bì cōng míng　huài xīn zhì
非圣书　屏勿视　敝聪明　坏心志

wù zì bào　wù zì qì　shèng yǔ xián　kě xún zhì
勿自暴　勿自弃　圣与贤　可驯致 ㉞

第四部分 学习圣贤 致敬经典——传统文化

注 解

①【解释】《弟子规》这本书，是依据至圣先师孔子的教诲而编成的生活规范。首先在日常生活中，要做到孝顺父母，友爱兄弟姐妹。其次在一切日常生活言语行为中要小心谨慎，要讲信用。和大众相处时要平等博爱，并且亲近有仁德的人，向他学习，这些都是很重要非做不可的事，如果做了之后，还有多余的时间精力，就应该好好的学习六艺等其他有益的学问。

②【解释】父母呼唤，应及时回答，不要慢吞吞地很久才应答，父母有事交代，要立刻动身去做，不可拖延或推辞偷懒。父母教导我们做人处事的道理，是为了我们好，应该恭敬的聆听。做错了事，父母责备教诫时，应当虚心接受，不可强词夺理，使父母亲生气、伤心。（君子闻过则喜，小人闻过则怒。）

③【解释】侍奉父母要用心体贴，在二十四孝故事里，九岁的黄香，为了让父亲安心睡眠，夏天睡前会帮父亲把床铺扇凉，冬天寒冷时会为父亲温暖被窝，实在值得我们学习。早晨起床之后，应该先探望父母，并向父母请安问好。下午回家之后，要将今天在外的情况告诉父母，向父母报平安，使老人家放心。外出离家时，须告诉父母要到哪里去，回家后还要当面禀报父母，让父母安心。平时生活起居，要保持正常有规律，做事有常规，不要任意改变，以免父母忧虑。

④【解释】纵然是小事，也不要任性，擅自作主，而不向父母禀告。如果任性而为，容易出错，就有损为人子女的本分，因此让父母担心，是不孝

的行为。公物虽小，也不可以私自收藏占为己有。如果私藏，品德就有缺失，父母亲知道了一定很伤心。

⑤【解释】父母亲所喜好的东西，应该尽力去准备；父母所厌恶的事物，要小心谨慎的去除（包含自己的坏习惯）。要爱护自己的身体，不要使身体轻易受到伤害，让父母亲忧虑。（《孝经》子曰："身体发肤，受之父母，不敢毁伤，孝之始也"）。要注重自己的品德修养，不可以做出伤风败德的事，使父母亲蒙受耻辱。当父母亲喜爱我们的时候，孝顺是很容易的事；当父母亲不喜欢我们，或者管教过于严厉的时候，我们一样孝顺，而且还能够自己反省检点，体会父母的心意，努力改过并且做得更好，这种孝顺的行为最是难能可贵。

⑥【解释】父母亲有过错的时候，应小心劝导改过向善，劝导时态度要诚恳，声音必须柔和，并且和颜悦色，（《论语》子夏问孝。子曰："色难。"）。如果父母不听规劝，要耐心等待，一有适当时机，例如父母情绪好转或是高兴的时候，再继续劝导；如果父母仍然不接受，甚至生气，此时我们虽难过得痛哭流涕，也要恳求父母改过，纵然遭遇到责打，也无怨无悔，以免陷父母于不义，使父母一错再错，铸成大错。

⑦【解释】父母亲生病时，子女应当尽心尽力的瞻顾，一旦病情加重时，更要昼夜服侍，不可以随便离开。父母去世之后，守孝期间（古礼三年），要常常追思、感怀父母教养的恩德。自己的生活起居必须调整改变，不能贪图享受，应该戒绝酒肉。办理父母亲的丧事要合乎礼节，不可草率马虎，也不可以为了面子铺张浪费，才是真孝顺。（《论语》：生，事之以礼，死，

葬之以礼，祭之以礼。）祭拜时应诚心诚意，对待已经去世的父母，要如同生前一样恭敬。（《论语》：祭如在，祭神如神在。）

⑧【解释】当哥哥姐姐的要爱护弟妹，作弟妹的要懂得恭敬兄姐，兄弟姐妹能和睦相处，一家人和乐融融，父母自然欢喜，孝道就在其中了。与人相处不斤斤计较，怨恨就无从生起。言语能够包容忍让，多说好话，不说坏话，忍住气话，不必要的冲突、怨恨的事情自然消失不生。

⑨【解释】良好的生活教育，要从小培养；不论用餐就座或行走，都应该谦虚礼让，长幼有序，让年长者优先，年幼者在后。长辈有事呼唤人，应代为传唤，如果那个人不在,自己应该主动去询问是什么事？可以帮忙就帮忙，不能帮忙时则代为转告。

⑩【解释】称呼长辈，不可以直呼姓名，在长辈面前，要谦虚有礼，不可以炫耀自己的才能；路上遇见长辈，应向前问好，长辈没有事时，即恭敬退后站立一旁，等待长辈离去。古礼：不论骑马或乘车，路上遇见长辈均应下马或下车问候，并等到长者离去稍远，约百步之后，才可以离开。现解：不论骑车或乘车，路上遇见长辈，若方便停车，应下车问候，并询问是否需要搭便车。若长辈要离去，则目视长辈离去约百步之遥，才可以离开。这是敬老尊贤的表现。

⑪【解释】与长辈同处，长辈站立时，晚辈应该陪着站立，不可以自行就坐，长辈坐定以后，吩咐坐下才可以坐。与尊长交谈，声音要柔和适中，回答的音量太小让人听不清楚，也是不恰当的。有事要到尊长面前，应快步向前；退回去时，必须稍慢一些才合乎礼节。当长辈问话时，应当专注聆听，

眼睛不可以东张西望，左顾右盼。

⑫【解释】对待叔叔、伯伯等尊长如同对待自己的父亲一般孝顺恭敬；对待同族的兄长，如堂兄姐、表兄姐，要如同对待自己的兄长一样友爱尊敬。

⑬【解释】早上要早点起床，晚上也别很早就睡觉。因为时光宝贵，转瞬即逝，应当好好珍惜和努力。（少壮不努力，老大徒伤悲。）早晨起床后，必须先洗脸、刷牙、漱口使精神清爽，让一天有一个好的开始。大小便后，一定要洗手，养成良好的卫生习惯，才能确保健康。

⑭【解释】要注重服装仪容的整齐清洁，戴帽子要戴端正，衣服扣子要扣好，袜子穿平整，鞋带应系紧，否则容易被绊倒，一切穿着以稳重端庄为宜。回家后衣、帽、鞋、袜都要放置定位，避免造成脏乱，要用的时候又要找半天。（大处着眼，小处着手，养成良好的生活习惯，是成功的一半。）

⑮【解释】穿衣服需注重整洁，不必讲究昂贵、名牌、华丽。穿着应考量自己的身份及场合，更要衡量家中的经济状况，才是持家之道。（不要为了面子，更不要让虚荣心作主，无谓的开销就是浪费。）

日常饮食要注意营养均衡，多吃蔬菜水果，少吃肉，不要挑食，不可以偏食，三餐常吃八分饱，避免过量，以免增加身体的负担，危害健康。

饮酒有害健康，青少年未成年不可以饮酒。成年人饮酒也不要过量，试看醉汉疯言疯语，丑态毕露，会惹出多少是非？

（《论语》：食不厌精，脍不厌细。夫子劝勉我们：食物不要过分讲求精美，烹调不要过分要求细致。）

老子说：圣人为腹不为目。饮食是为了吃饱肚子，不是为了满足口目。

⑯【解释】走路时步伐应当从容稳重,不慌不忙,不急不缓;站立时要端正有站相,须抬头挺胸,精神饱满,不可以弯腰驼背,垂头丧气。

(立如松,行如风,坐如钟,卧如弓。)问候他人时,不论鞠躬或拱手要真诚恭敬,不能敷衍了事。进门时脚不要踩在门槛上,站立时身体也不要站得歪歪斜斜的,坐的时候不可以伸出两腿,腿更不可以抖动,这些都是很轻浮、傲慢的举动,有失君子风范。

⑰【解释】进入房间时,不论揭帘子、开门的动作都要轻一点、慢一些,避免发出声响。在室内行走或转弯时,应小心不要撞到物品的棱角,以免受伤。拿东西时要注意,即使是拿着空的器具,也要像里面装满东西一样,小心谨慎以防跌倒或打破。进入无人的房间,也要像有人在一样,不可以随便。

做事不要急急忙忙、慌慌张张,因为忙中容易出错,不要畏苦怕难而犹豫退缩,也不可以草率,随便应付了事。

凡是容易发生争吵打斗的不良场所,不要接近,以免受到不良的影响。一些邪恶下流,荒诞不经的事也要谢绝,不听、不看,不要好奇的去追问,以免污染了善良的心性。

⑱【解释】将要入门之前,应先问:"有人在吗?"不要冒冒失失就跑进去。进入客厅之前,应先提高声音,让屋内的人,知道有人来了。如果屋里的人问:"是谁呀?"应该回答名字,而不是:"我!我!"让人无法分辨我是谁?

借用别人的物品,一定要事先讲明,请求允许。如果没有事先征求同意,擅自取用就是偷窃的行为。借来的物品,要爱惜使用,并准时归还,以后若有急用,再借就不难。(所谓:好借好还,再借不难。)

⑲【解释】开口说话，诚信为先，答应他人的事情，一定要遵守承诺，没有能力做到的事不能随便答应，至于欺骗或花言巧语，更不能使用！（《论语》：与朋友交，言而有信。信近于义，言可复也。注：复者实践也，约定的事情要合乎义理才能实践。）

话多不如话少，话少不如话好。说话要恰到好处，该说的就说，不该说的绝对不说，立身处世应该谨言慎行，谈话内容要实事求是，所谓："词，达而已矣！"；不要花言巧语，好听却靠不住。奸诈取巧的语言，下流肮脏的话，以及街头无赖粗俗的口气，都要避免不去沾染。

（《论语》子曰：君子欲讷于言，而敏于行。）

⑳【解释】任何事情在没有看到真相之前，不要轻易发表意见，对事情了解得不够清楚明白时，不可以任意传播，以免造成不良后果。（谣言止于智者，不要被谣言所利用。）

不合义理的事，不要轻易答应，如果轻易允诺，会造成做也不是，不做也不好，使自己进退两难。

讲话时要口齿清晰，咬字应该清楚，慢慢讲，不要太快，更不要模揣不清。到他人来说是非，听听就算了，要有智慧判断，不要受影响，不要介入是非。

㉑【解释】看见他人的优点或善行义举，要立刻想到学习看齐，纵然目前能力相差很多，也要下定决心，逐渐赶上。

看见别人的缺点或不良的行为，要反躬自省，检讨自己是否也有这些缺失，有则改之，无则加勉。（见贤思齐焉，见不贤而内自省也。）

（子曰：三人行。必有我师焉，择其善者而从之，其不善者而改之。）

㉒【解释】每一个人都应当重视自己的品德、学问和才能技艺的培养，如果感觉到有不如人的地方，应当自我警惕，勉励自己要奋发图强。至于外表穿着，或者饮食不如他人，则不必放在心上，更没有必要忧虑自卑。

（《论语》：颜回居陋巷，一箪食、一瓢饮，人不堪其忧，回也不改其乐。）

（君子忧道不忧贫）

㉓【解释】如果一个人听到别人说自己的缺点就生气，听到别人称赞自己就欢喜，那么坏朋友就会来接近你，真正的良朋益友反而逐渐疏远退却了。

反之，如果听到他人的称赞，不但没有得意忘形，反而会自省，唯恐做得不够好，继续努力；当别人批评自己的缺失时，不但不生气，还能欢喜接受，那么正直诚信的人，就会渐渐喜欢和我们亲近了。

（人以群分，物以类聚。同声相应，同气相求。）

㉔【解释】无心之过称为错，若是明知故犯，有意犯错便是罪恶。知错能改，是勇者的行为，错误自然慢慢的减少消失。如果为了面子，死不认错，还要去掩饰，那就是错上加错了。（子曰：知过能改善莫大焉！又曰：知耻近乎勇。）

㉕【解释】只要是人，就是同类，不分族群、人种、宗教信仰，皆须相亲相爱。同是天地所生万物滋长的，应该不分你我，互助合作，才能维持这个共生共荣的生命共同体。（孙中山先生说："物种以竞争为目的。人类以互助合作为目的。"）

㉖【解释】德行高尚者，名望自然高超。大家所敬重的是他的德行，不是外表容貌。有才能的人，处理事情的能力卓越，声望自然不凡，然而人们

之所以欣赏佩服，是他的处事能力，而不是因为他很会说大话。

㉗【解释】当你有能力可以为众人服务的时候，不要自私自利，只考虑到自己，舍不得付出。对于他人的才华，应当学习欣赏赞叹，而不是批评、嫉妒、毁谤。不要去讨好巴结富有的人，也不要在穷人面前骄傲自大，或者轻视他们。不要喜新厌旧，对于老朋友要珍惜，不要贪恋新朋友或新事物。对于正在忙碌的人，不要去打扰他，当别人心情不好，身心欠安的时候，不要闲言闲语干扰他，增加他的烦恼与不安。

（礼运大同篇：力恶其不出于身也，不必为己。）

㉘【解释】别人的短处，不要去揭穿，对于他人的隐私，切忌去宣扬。赞美他人的善行就是行善。当对方听到你的称赞之后，必定会更加勉励行善。宣扬他人的过失或缺点，就是做了一件坏事。如果指责批评太过分了，还会给自己招来灾祸。朋友之间应该互相规过劝善，共同建立良好的品德修养。如果有错不能互相规劝，两个人的品德都会有缺陷。

㉙【解释】财物的取得与给予，一定要分辨清楚明白，宁可多给别人，自己少拿一些，才能广结善缘，与人和睦相处。

事情要加到别人身上之前（要托人做事），先要反省问问自己："如果换作是我，我愿意吗？"，如果连自己都不喜欢，就要立刻停止。

（《论语》子曰：己所不欲，勿施于人。要设身处地为别人着想。）

受人恩惠要时时想着报答，别人有对不起自己的事，应该宽大为怀把它忘掉，怨恨不平的事不要停留太久，过去就算了，"不要老放在心上，处罚自己，苦恼自己！"至于别人对我们的恩德，要感恩在心常记不忘，常思报答。

㉚【解释】对待家中的婢女与仆人,要注重自己的品行端正并以身作则,虽然品行端正很重要,但是仁慈宽大更可贵,如果仅势强逼别人服从,对方难免口服心不服。唯有以理服人,别人才会心悦诚服没有怨言。

㉛【解释】同样是人,善恶邪正,心智高低却是良莠不齐。受社会潮流风气影响的人多,仁慈博爱的人少,如果有一位仁德的人出现,大家自然敬畏他,因为他说话公正无私没有隐瞒,又不讨好他人。所以大家才会起敬畏之心。

能最亲近有仁德的人,向他学习,真是再好不过了,因为他会使我们的德行一天比一天进步,过错也跟着减少。如果不肯亲近仁人君子,就会有无穷的祸害,因为不肖的小人会趁虚而入,跑来亲近我们,日积月累,我们的言行举止都会受影响,导致整个人生的失败。(近朱者赤,近墨者黑。)

㉜【解释】不能身体力行孝、悌、谨、信、泛爱众、亲仁这些本分,一味死读书,纵然有些知识,也只是增长自己浮华不实的习气,变成一个不切实际的人,如此读书又有何用?反之,如果只是一味的做,不肯读书学习,就容易依着自己的偏见做事,蒙蔽了真理,也是不对的。

(《论语》子曰:学而不思则罔,思而不学则殆。)

㉝【解释】读书的方法要注重三到,眼到、口到、心到。三者缺一不可,这样才能收到事半功倍的效果。研究学问,要专一,要专精才能深入,不能这本书才开始读没多久,又欣羡其他的书,想看其他的书,这样永远也定不下心,必须把这本书读完,才能读另外一本。

在制定读书计划的时候,不妨宽松一些,实际执行时,就要加紧用功,

严格执行，不可以懈怠偷懒，日积月累功夫深了，原先窒碍不通，困顿疑惑之处自然而然都迎刃而解了。（《大学章句》：至于用力之久，而一旦豁然贯通焉，则众物之表里精粗，无不到，而吾心之全体大用，无不明矣。）

求学当中，心里有疑问，应随时笔记，一有机会，就向良师益友请教，务必确实明白它的确切意思。

㉞【解释】书房要整理清洁，墙壁要保持干净，读书时，书桌上笔墨纸砚等文具要放置整齐，不得凌乱，触目所及皆是井井有条，才能静下心来读书。古人写字使用毛笔，写字前先要磨墨，如果心不在焉，墨就会磨偏了，写出来的字如果歪歪斜斜，就表示你浮躁不安，心定不下来。

书籍课本应分类，排列整齐，放在固定的位置，读诵完毕须归还原处。

虽有急事，也要把书本收好再离开，书本是智慧的结晶，有缺损就要修补，保持完整。（古人一书难求，故有修补之举。）

不是传述圣贤言行的著作，以及有害身心健康的不良书刊，都应该摒弃不要看，以免身心受到污染，智慧遭受蒙蔽，心志变得不健康。遇到困难或挫折的时候，不要自暴自弃，也不必愤世嫉俗，看什么都不顺眼，应该发愤向上努力学习，圣贤境界虽高，循序渐进，也是可以达到的。

（孟子曰：舜何人也，予何人也，有为者亦若是！）

（唐诗：劝君莫惜金缕衣，劝君惜取少年时。花开堪折直须折，莫待无花空折枝。）

部分读音注释：

◊ 「首孝弟　次谨信」：「弟」读音 tì，通「悌」；

◊ 「出必告　反必面」：「告」读音 gǔ 为古音，今音 gào。；

◊ 「对尊长　勿见能」：「见」读音 xiàn，通「现」；

◊ 「骑下马　乘下车」：「车」读音 jū 为古音，今音 chē 弓；

◊ 「老易至　惜此时」：「惜」读音 xī，另有读音 xí；

◊ 「便溺回　辄净手」：「溺」读音 niào，通「尿」，指小便；

◊ 「上循分　下称家」：「分」读音 fèn，指身份；「称」读音 chèn，意为相称；

◊ 「勿践阈　勿跛倚　勿箕踞　勿摇髀」：「阈」读音 yù，意为门槛；「跛倚」读音 bǒbǐ，「跛」是指一只脚斜站着；「跛倚」是指身子歪曲斜倚；「箕踞」读音 jījù，是指坐着时双脚展开像簸箕或是虎踞的样子；「摇髀」，是指抖腿或摇臀，「髀」读音 bì，指大腿；

◊ 「人问谁　对以名」：「谁」读音 shuí，另有读音 shéi；

◊ 「知未的　勿轻传」：「的」读音 dì，意为真实、确实；

◊ 「勿急疾　勿模糊」：「糊」hū，另有读音 hú、hu；

◊ 「纵去远　以渐跻」：「跻」读音 jī，意为上升；

◊ 「行高者　名自高」：「行」读音为 xìng，意为德行；

◊ 「人所能　勿轻訾」：「訾」读音为 zī，意为毁；

◊ 「非圣书　屏勿视」：「屏」读音 bǐng，通「摒」，意为放弃，除去；

◊ 「圣与贤　可驯致」：「驯」读音 xún，意为逐渐。

弟子规小知识

《弟子规》（原名《训蒙文》）是中国传统的启蒙教材之一，作者是清朝康熙年间的秀才李毓秀。后经贾存仁修订改编而成为弟子规。其内容采用《论语》"学而篇"第六条"弟子入则孝，出则弟，谨而信，泛爱众，而亲仁，行有余力，则以学文。"的文义，列述弟子在家、出外、待人、接物与学习上应该恪守的守则规范。

《弟子规》共有360句、1080个字，三字一句，两句一韵，合辙押韵，朗朗上口；全篇先为《总叙》，然后分为《入则孝》《出则弟》《谨》《信》《泛爱众》《亲仁》和《余力学文》七个部分。

《弟子规》集孔孟等圣贤的道德教育之大成，提传统道德教育著作之纲领，是接受伦理道德教育、养成有德有才之人的最佳读物。